GRAMMAIRE FRANÇAISE

DE LHOMOND.

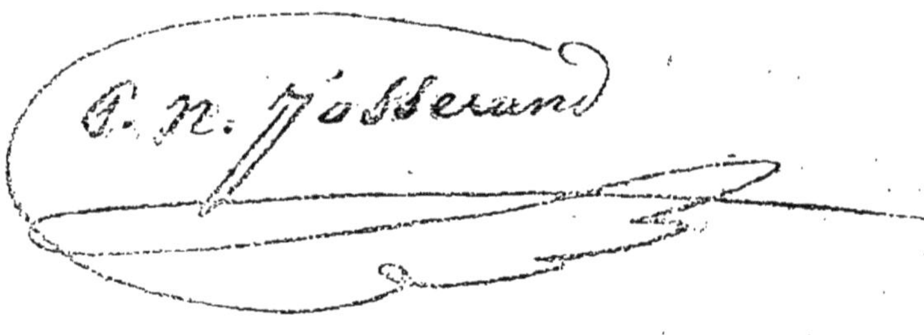

A LA MÊME LIBRAIRIE

DU MÊME AUTEUR :

Exercices orthographiques gradués mis en rapport avec la Grammaire française de Lhomond.
1 vol. in-12, cartonné, 75 cent.

GRAMMAIRE

FRANÇAISE

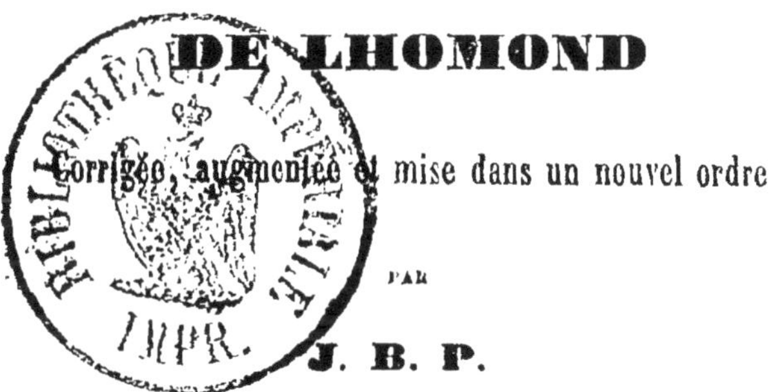

DE LHOMOND

Corrigée, augmentée et mise dans un nouvel ordre

PAR

J. B. P.

Peu de préceptes ;
beaucoup de pratique.
D.

TROISIÈME ÉDITION

REVUE AVEC SOIN

LYON

P. N. JOSSERAND LIBRAIRE-ÉDITEUR

PLACE BELLECOUR, 3.

1866

AVERTISSEMENT.

Corriger et augmenter un peu la *Grammaire française de Lhomond* ; la mettre dans un ordre plus méthodique ; ajouter à chaque chapitre une série d'exercices en rapport avec les règles : telle est la tâche que nous nous sommes imposée dans le but de donner à ce petit ouvrage un plus haut degré d'utilité. Messieurs les instituteurs de la jeunesse à qui nous avons offert notre travail, l'ont sans doute trouvé bien , puisque les deux premières éditions pour lesquelles nous n'avons fait aucune publicité, se sont écoulées en peu de temps. La troisième, que nous avons revue avec le plus grand soin, n'aura pas, nous l'espérons, un moindre succès.

AVIS DE L'ÉDITEUR

Tout en reconnaissant le mérite éminent de la *Grammaire française de Lhomond*, on ne peut nier son insuffisance de nos jours, même pour l'enseignement primaire. De là le grand nombre d'éditions dont le but a été de rendre cet ouvrage un peu plus complet. Celle que nous publions avec un cours d'exercices est le travail d'un homme versé dans l'enseignement qui, animé du désir de se rendre utile à la jeunesse, a mis à profit l'expérience de trente-six années de pratique. Nous l'offrons au public comme infiniment propre à diminuer la tâche laborieuse des maîtres, et à rendre plus facile celle des élèves.

GRAMMAIRE FRANÇAISE

ÉLÉMENTAIRE.

PREMIÈRE PARTIE.

CHAPITRE PREMIER.

NOTIONS PRÉLIMINAIRES.

1. La Grammaire est l'art de parler et d'écrire correctement. Pour parler et pour écrire on emploie des mots : les mots sont composés de syllabes, et les syllabes sont composées de lettres.

2. On appelle syllabe une ou plusieurs lettres qui se prononcent en une seule émission de voix : le mot *abonnement* a quatre syllabes : (*a-bon-ne-ment*).

3. Il y a deux sortes de lettres : les *voyelles* et les *consonnes*.

4. Les voyelles sont *a*, *e*, *i*, *o*, *u* et *y*. Ces lettres s'appellent voyelles, parce que, seules, elles forment un son, c'est-à-dire une syllabe.

5. Il y a dix-neuf consonnes, savoir : *b*, *c*, *d*, *f*, *g*, *h*, *j*, *k*, *l*, *m*, *n*, *p*, *q*, *r*, *s*, *t*, *v*, *x*, *z*. Ces lettres s'appellent consonnes, parce qu'elles ne forment un son qu'avec le secours des voyelles, comme *ba*, *be*, *bi*, *bo*, *bu*; *da*, *de*, *di*, *do*, *du*, etc.

6. Il y a trois sortes d'*e* : l'*e* muet, l'*é* fermé, et l'*è* ouvert.

L'*e muet* est celui dont le son est sourd et peu sensible, comme dans les mots *homme*, *monde*.

L'*é fermé* est celui qui se prononce la bouche presque fermée, comme dans les mots *bonté*, *café*.

L'*è ouvert* est celui qui se prononce la bouche un peu ouverte, comme dans les mots *procès*, *succès*.

7. L'*y grec* s'emploie pour deux *i* après une voyelle, comme dans *pays*, *moyen*, *joyeux* : prononcez *pai-is*, *moi-ien*, *joi-ieux*. Ailleurs il a la valeur d'un *i* simple.

8. La lettre *h* ne se prononce pas dans certains mots. *L'homme*, *l'honneur*, *l'histoire*, se

prononcent comme s'il y avait *l'omme*, *l'onneur*, *l'istoire;* alors on l'appelle *h muette*.

Mais dans les mots suivants : *la haine*, *le hameau*, *le héros*, la lettre *h* fait prononcer du gosier la voyelle qui suit; alors on l'appelle *h aspirée*. Ainsi l'on écrit et l'on prononce séparément *la haine*, et non pas *l'haine; les héros*, et non pas comme s'il y avait *les zhéros*.

9. Les voyelles sont *longues* ou *brèves*.

Les voyelles *longues* sont celles sur lesquelles on appuie en les prononçant; les voyelles *brèves* sont celles sur lesquelles on passe rapidement. Par exemple

A est long dans *pâte*, et bref dans *patte*.

E est long dans *tempête*, et bref dans *trompette*.

I est long dans *gîte*, et bref dans *petite*.

O est long dans *apôtre*, et bref dans *dévote*.

U est long dans *flûte*, et bref dans *butte*.

10. Pour marquer les différentes sortes d'*e* et les voyelles longues, on emploie trois petits signes que l'on appelle accents, savoir : l'accent *aigu* (´) qui se met sur les *é* fermés : *bonté;* l'accent *grave* (`) qui se met sur les *è* ouverts : *accès*; l'accent *circonflexe* (ˆ) qui se met sur la plupart des voyelles longues : *apôtre*.

11. Outre les accents, il y a encore quatre autres signes orthographiques, savoir : *l'apostrophe*, *la cédille*, *le tréma*, et *le trait-d'union*.

12. *L'apostrophe* (') marque le retranchement d'une des lettres *a*, *e*, *i*. On dit *l'homme* pour *le homme*, *l'amitié* pour *la amitié*, *s'il vient* pour *si il vient*.

13. *La cédille* (¸) se met sous le ç devant *a*, *o*, *u*, pour lui donner le son de l'*s* : *façade*, *leçon*, *reçu*.

14. *Le tréma* (¨) se met sur une voyelle qui doit être prononcée séparément d'une autre voyelle qui la précède. Sans le tréma on prononcerait *naïf* comme *nef*, *Saül* comme *sol*, *ciguë* comme *figue*.

15. *Le trait-d'union* (-) se met entre deux mots qui, par le sens, n'en font qu'un : *chef-d'œuvre*, *courte-pointe*, *avant-coureur*. Il se met aussi à la fin d'une ligne, toutes les fois qu'il reste une ou plusieurs syllabes d'un mot pour la ligne suivante.

16. Il y a en français dix sortes de mots qu'on appelle les *parties du discours*, savoir : le *nom*, l'*article*, l'*adjectif*, le *pronom*, le *verbe*, le *participe*, l'*adverbe*, la *préposition*, la *conjonction* et l'*interjection*. On ne peut former une phrase, c'est-à-dire exprimer sa pensée, sans le secours de ces différents mots.

CHAPITRE DEUXIÈME.

DU NOM.

1. Le *nom* est un mot qui sert à désigner une personne ou une chose, comme *Pierre*, *Paul*, *livre*, *chapeau*.

2. Il y a deux sortes de noms : le nom *commun* et le nom *propre*.

3. Le nom *commun* est celui qui convient à toutes les personnes ou à toutes les choses de la même espèce : *homme*, *cheval*, *maison*, sont des noms communs ; car le nom *homme* convient à tous les hommes, etc.

4. Le nom *propre* est celui qui ne convient qu'à une seule personne ou à une seule chose, comme *Adam*, *Eve*, *Paris*, *la Seine*.

DU GENRE ET DU NOMBRE DES NOMS.

5. Il y a en français deux genres : le *masculin* et le *féminin*. Les noms d'hommes ou d'animaux mâles sont du genre masculin, comme *un roi*, *un lion ;* les noms de femmes ou d'animaux femelles sont du genre féminin, comme *une reine*, *une lionne*.

6. Par imitation, l'on donne le genre masculin ou le genre féminin à des choses qui ne sont ni mâles ni femelles, comme *un livre*, *une table*, *le soleil*, *la lune*.

7. On connaît qu'un nom est du genre masculin quand on peut mettre *le* ou *un* devant ce nom; on connaît qu'un nom est du genre féminin quand on peut mettre *la* ou *une*.

8. Il y a deux nombres : le *singulier* et le *pluriel* ; le *singulier*, quand on parle d'une seule personne ou d'une seule chose : *un homme*, *un livre* ; le *pluriel*, quand on parle de plusieurs personnes ou de plusieurs choses : *des hommes*, *des livres*.

FORMATION DU PLURIEL DES NOMS.

9. Pour former le pluriel des noms, on ajoute une *s* à la fin du singulier : *le roi*, *les rois* ; *la reine*, *les reines* ; *le livre*, *les livres* ; *la table*, *les tables*.

EXCEPTIONS.

10. Les noms terminés au singulier par *s*, *x*, *z*, ne changent pas au pluriel : *le fils*, *les fils* ; *le nez*, *les nez* ; *la voix*, *les voix*.

11. Les noms terminés au singulier par *au* et par *eu*, prennent un *x* au pluriel : *le bateau*, *les bateaux* ; *le feu*, *les feux*.

12. Les sept noms *bijou*, *caillou*, *chou*, *genou*, *hibou*, *joujou* et *pou* prennent aussi un *x* au pluriel. Les autres noms terminés en *ou* prennent une *s* : *un clou*, *des clous* ; *un matou*, *des matous*, etc.

13. Les noms terminés au singulier par *al*, font leur pluriel en *aux* : *le mal*, *les maux* ; *le cheval*, *les chevaux*. Mais *bal*, *carnaval*, *régal*, s'écrivent avec *s* au pluriel.

14. Les sept noms *bail*, *corail*, *émail*, *soupirail*, *travail*, *vantail* et *vitrail*, font aussi leur pluriel en changeant *ail* en *aux*. Les autres noms terminés en *ail* prennent une *s* : *un portail*, *des portails* ; *un éventail*, *des éventails*, etc.

15. *Aïeul* fait au pluriel *aïeux*, quand il désigne les ancêtres ; il fait *aïeuls*, *aïeules*, quand il désigne les grands-pères et les grand'mères.

16. *Ciel* fait au pluriel *cieux* dans le sens ordinaire ; il fait *ciels* dans *ciels de lits*, *ciels de tableaux*.

17. *Œil* fait au pluriel *yeux*. Le pluriel *œils* ne s'emploie que dans le nom *œil-de-bœuf* (petite fenêtre ronde ou ovale) : *des œils-de-bœuf*.

CHAPITRE TROISIÈME.

DE L'ARTICLE.

1. L'*article* est un mot que l'on met devant les noms communs, et qui en fait connaître le genre et le nombre (1).

2. Il y a six sortes d'articles :

L'article simple, *le*, *la*, *les*.

L'article composé, *du*, *des*, *au*, *aux*.

L'article démonstratif, *ce*, *cet*, *cette*, *ces*.

L'article possessif, *mon*, *ma*, *mes*; *ton*, *ta*, *tes*; *son*, *sa*, *ses*; *notre*, *votre*, *leur*; *nos*, *vos*, *leurs*.

L'article numérique, *un*, *deux*, *trois*, *quatre*, *cinq*, etc.

L'article indéfini, *aucun*, *certain*, *chaque*, *nul*, *plusieurs*, *quelque*, *quel*, *tel*, etc. (2).

3. *Le* se met devant un nom masculin singulier : *le père ; la* se met devant un nom féminin singulier : *la mère; les* se met devant tous

(1) On met aussi l'article devant les noms propres de pays, de rivières, de montagnes : *la France*, *le Rhône*, *les Pyrénées*.

(2) Plusieurs de ces articles sont quelquefois pronoms, quand, au lieu d'être placés devant le nom, ils en tiennent la place.

les noms pluriels, soit masculins, soit féminins : *les pères, les mères.*

4. On retranche *e* dans l'article *le*, on retranche *a* dans l'article *la*, lorsque le mot suivant commence par une voyelle ou une *h* muette. Ainsi l'on dit : *l'argent* pour *le argent*, *l'histoire* pour *la histoire;* mais alors, à la place de la lettre retranchée, on met une apostrophe (').

5. Les mots *du*, *des*, *au*, *aux*, réunissent deux mots en un seul : *du* est mis pour *de le; des* est mis pour *de les; au* est mis pour *à le; aux*, avec un *x*, est mis pour *à les*. On dit :

Le palais *du* prince, pour *de le* prince.

Le palais *des* princes, pour *de les* princes.

J'obéis *au* prince, pour à le prince.

J'obéis *aux* princes, pour *à les* princes.

6. On met *ce* devant les noms masculins singuliers qui commencent par une consonne ou une *h* aspirée : *ce château*, *ce hameau;* on met *cet* devant ceux qui commencent par une voyelle ou une *h* muette : *cet oiseau*, *cet honneur.*

7. *Mon*, *ton*, *son*, s'emploient au féminin devant une voyelle ou une *h* muette. On dit : *mon âme*, pour *ma âme; ton humeur*, pour *ta humeur; son épée*, pour *sa épée* (1).

---

(1) Les adjectifs déterminatifs peuvent être considérés comme de véritables articles parce qu'ils remplissent les mêmes fonctions : c'est le sentiment de plusieurs grammairiens célèbres.

CHAPITRE QUATRIÈME.

DE L'ADJECTIF.

1. L'*adjectif* est un mot que l'on ajoute au nom pour marquer la qualité d'une personne ou d'une chose, comme *bon père*, *bonne mère*, *beau livre*, *belle image*. Ces mots *bon*, *bonne*, *beau*, *belle*, sont des adjectifs joints aux noms *père*, *mère*, *livre*, *image*.

2. On connaît qu'un mot est adjectif, quand on peut y joindre le mot *personne* ou *chose* : ainsi, *habile*, *agréable*, sont des adjectifs, parce qu'on peut dire *personne habile*, *chose agréable*.

3. Les adjectifs ont les deux genres, *masculin* et *féminin*. Cette différence de genre se marque ordinairement par la dernière lettre.

FORMATION DU FÉMININ DES ADJECTIFS.

4. Quand un adjectif ne finit point par un *e* muet, on y ajoute un *e* muet pour former le féminin : *prudent*, *prudente*; *saint*, *sainte*; *méchant*, *méchante*; *petit*, *petite*; *grand*, *grande*; *vrai*, *vraie*; etc.

EXCEPTIONS.

5. Les adjectifs suivants : *cruel*, *pareil*, *ancien*, *bon*, *gras*, *gros*, *nul*, *net*, *sot*, *épais*, et autres semblables, doublent au féminin leur dernière consonne avec l'*e* muet : *cruelle*, *pareille*, *ancienne*, *bonne*, *grasse*, *grosse*, *nulle*, *nette*, *sotte*, *épaisse*.

Cependant *complet*, *concret*, *prêt*, *discret*, *secret*, *inquiet*, *replet*, *ras*, font : *complète*, *concrète*, *prête*, *discrète*, *secrète*, *inquiète*, *replète*, *rase*.

6. *Beau*, *nouveau*, *fou*, *mou*, *vieux*, font au féminin *belle*, *nouvelle*, *folle*, *molle*, *vieille*, parce qu'au masculin, on dit aussi *bel*, *nouvel*, *fol*, *mol*, *vieil*, devant une voyelle ou une *h* muette : *bel oiseau*, *nouvel hôte*, *fol entêtement*, etc.

7. Les adjectifs terminés par *f* changent au féminin cette lettre en *ve* : *bref*, *neuf*; *naïf*, font au féminin *brève*, *neuve*, *naïve*.

8. Les adjectifs terminés par *x* changent au féminin cette lettre en *se* : *dangereux*, *dangereuse*; *honteux*, *honteuse*; *jaloux*, *jalouse*; etc. Cependant *doux* fait *douce*; *roux* fait *rousse*; *faux* fait *fausse*.

9. Les adjectifs terminés en *eur* font ordinairement leur féminin en *euse* : *trompeur*, *trompeuse* *parleur*, *parleuse*; *chanteur*, *chanteuse*; etc. Cependant *pécheur* fait *pécheresse*; *acteur*

fait *actrice; protecteur* fait *protectrice; directeur* fait *directrice;* etc.

10. Les adjectifs *majeur, mineur, meilleur,* prennent un *e* muet au féminin; il en est de même des adjectifs terminés en *érieur: supérieur, supérieure; inférieur, inférieure.*

11. Les adjectifs suivants forment leur féminin de différentes manières :

Blanc	fait	*blanche.*	*Turc*	fait	*turque.*
Franc	—	*franche.*	*Grec*	—	*grecque.*
Sec	—	*sèche.*	*Long*	—	*longue.*
Frais	—	*fraîche.*	*Oblong*	—	*oblongue.*
Public	—	*publique.*	*Malin*	—	*maligne.*
Caduc	—	*caduque.*	*Bénin*	—	*bénigne.*

FORMATION DU PLURIEL DES ADJECTIFS.

12. Le pluriel des adjectifs se forme, comme celui des noms, en ajoutant *s* à la fin du singulier : *bon, bonne;* au pluriel *bons, bonnes.*

EXCEPTIONS.

13. Les adjectifs terminés par *s, x, z*, ne changent pas au pluriel masculin ; ceux qui sont terminés par *au* et *eu* prennent un *x*, excepté *bleu* qui prend une *s* : *des yeux bleus.*

14. Les adjectifs terminés par *al* font leur pluriel masculin en *aux : égal, égaux; libéral,*

libéraux. Mais il y en a plusieurs qui forment leur pluriel par l'addition d'une *s* ; tels sont : *fatal*, *filial*, *final*, *glacial*, *naval*, *jovial*, *pascal*, etc.

ACCORD DES ADJECTIFS AVEC LES NOMS.

15. Tout adjectif doit être du même genre et du même nombre que le nom auquel il se rapporte :

Le bon père, la bonne mère.
Les beaux jardins, les belles fleurs.

Bon est au masculin et au singulier, parce que *père* est du masculin et du singulier ; *bonne* est au féminin et au singulier, parce que *mère* est du féminin et du singulier ; *beaux* est au masculin et au pluriel, parce que *jardins* est du masculin et du pluriel ; *belles* est au féminin et au pluriel, parce que *fleurs* est du féminin et du pluriel.

16. Quand un adjectif se rapporte à deux noms singuliers, on met cet adjectif au pluriel : *Le roi et le berger sont égaux après la mort*, et non pas *égals*.

17. Si les deux noms auxquels l'adjectif se rapporte sont de différents genres, on met l'adjectif au masculin pluriel : *Mon père et ma mère sont contents, et non pas contentes.*

CHAPITRE CINQUIÈME.

DU PRONOM.

1. Le pronom est un mot qui tient la place du nom, et qui en prend le genre et le nombre. Si, en parlant d'un enfant, je dis : *il est sage*, le mot *il* tient la place d'*enfant* ; c'est un pronom.

2. Il y a cinq sortes de pronoms : les pronoms *personnels*, les pronoms *possessifs*, les pronoms *démonstratifs*, les pronoms relatifs, et les pronoms *indéfinis*.

PRONOMS PERSONNELS.

3. Les pronoms *personnels* sont ceux qui désignent les personnes.

Il y a trois personnes : la *première* personne est celle qui parle ; la *seconde* personne est celle à qui l'on parle ; la *troisième* personne est celle de qui l'on parle.

Pronoms de la première personne.

4. Singulier : *Je, me moi,* | des deux genres.
Pluriel : *Nous,* |

Pronoms de la seconde personne

5. Singulier : *Tu, te, toi,* | des deux genres.
Pluriel : *Vous.* |

Pronoms de la troisième personne.

6. Singulier masculin : *Il* ou *lui* ; féminin, *elle*.

Pluriel masculin : *Ils* ou *eux* ; féminin, *elles*.

Se, *soi*, des deux genres et des deux nombres.

On dit *le* pour *lui*, *la* pour *elle* : Je *le* connais, c'est-à-dire, je connais lui. Je *la* connais, c'est-à-dire, je connais *elle*.

On dit *les* pour *eux*, *elles* : Je *les* connais, c'est-à-dire. je connais *eux*, *elles*.

On dit *leur* pour *à eux*, *à elles* : Je *leur* dois le respect, c'est-à-dire, je dois *à eux*, *à elles*.

7. Il y a encore deux pronoms de la troisième personne, savoir :

1° *En*, qui signifie *de lui*, *d'elle*, *d'eux*, *d'elles*. Ainsi quand on dit : *J'en parle*, on peut entendre *je parle de lui*, *d'elle*, etc., selon la personne ou la chose dont le nom a été exprimé auparavant.

2° *Y*, qui signifie *à cela*, *à cette chose*, *à ces choses*, comme quand on dit : *Je m'y applique*, c'est-à-dire, *je m'applique à cela* (*à cette chose*, *à ces choses*).

PRONOMS POSSESSIFS.

8. Les pronoms *possessifs* sont ceux qui marquent la possession ou la propriété d'une chose. Ces pronoms sont :

SINGULIER.		PLURIEL.	
Masculin.	Féminin.	Masculin.	Féminin.
Le mien,	*la mienne.*	*Les miens,*	*les miennes.*
Le tien,	*la tienne.*	*Les tiens,*	*les tiennes.*
Le sien,	*la sienne.*	*Les siens,*	*les siennes.*
Le nôtre,	*la nôtre.*	*Les nôtres,*	*les nôtres.*
Le vôtre,	*la vôtre.*	*Les vôtres,*	*les vôtres.*
Le leur,	*la leur.*	*Les leurs,*	*les leurs.*

9. On met un accent circonflexe sur *nôtre, vôtre,* pronoms possessifs ; on n'en met point sur *notre, votre,* articles possessifs : *Votre maison est plus grande que la nôtre.*

PRONOMS DÉMONSTRATIFS.

10 Les pronoms *démonstratifs* sont ceux qui servent à montrer les personnes ou les choses dont on parle. Ces pronoms sont :

SINGULIER.		PLURIEL.	
Masculin.	Féminin.	Masculin.	Féminin.
Celui,	*celle.*	*Ceux,*	*celles.*
Celui-ci,	*celle-ci.*	*Ceux-ci,*	*celles-ci.*
Celui-là,	*celle-là.*	*Ceux-là,*	*celles-là.*

Ce, ceci, cela, pour les deux genres.

PRONOMS RELATIFS.

11. Les pronoms *relatifs* sont ceux qui ont rapport à un nom ou à un pronom qui les précède, et qu'on appelle *antécédent.* Ces pronoms sont :

SINGULIER.		PLURIEL.	
Masculin.	Féminin.	Masculin.	Féminin.
Lequel,	*laquelle.*	*Lesquels,*	*lesquelles.*
Duquel,	*de laquelle.*	*Desquels,*	*desquelles.*
Auquel,	*à laquelle.*	*Auxquels,*	*auxquelles.*

Qui, que, quoi, dont, des deux genres et des deux nombres.

12. *Qui* et *que* sont pronoms relatifs quand on peut les tourner par *lequel*, *laquelle*, *lesquels*. Quand je dis : *Dieu qui a créé le monde*, *Dieu* est l'antécédent du pronom relatif *qui* ; *le livre que j'étudie*, *livre* est l'antécédent du pronom relatif *que*.

PRONOMS INDÉFINIS.

13. Les pronoms *indéfinis* sont ceux qui représentent les personnes ou les choses qu'on ne veut ou qu'on ne peut nommer. Quand je dis : *On frappe à la porte*, *quelqu'un vous appelle*, je parle d'une personne, mais je ne la désigne pas.

Ces pronoms sont : *on*, *quelqu'un*, *chacun*, *quiconque*, *qui que ce soit*, *quoi que ce soit*, *l'un*, *l'autre*, *autrui*, *personne*, *rien*, etc.

14. *Qui*, *que*, *quoi*, sont aussi pronoms indéfinis quand ils n'ont point d'antécédent, et qu'on peut les tourner par *quelle personne* ou *quelle chose* : *Que voulez-vous ? qui demandez-vous ? A quoi pensez-vous ?*

CHAPITRE SIXIÈME.

DU VERBE.

1. Le *verbe* est un mot dont on se sert pour exprimer ce que l'on est ou ce que l'on fait. Quand on dit : *Je suis content*, *je lis une histoire*,

les mots *suis*, *lis*, sont des verbes, parce qu'ils indiquent l'état où l'on est ou l'action que l'on fait.

2. On connaît un verbe en français quand on peut y ajouter ces pronoms : *je*, *tu*, *il*, *nous*, *vous*, *ils*, comme : *Je lis*, *tu lis*, *il lit*, *nous lisons*, *vous lisez*, *ils lisent*.

3. On distingue dans les verbes la *personne*, le *nombre*, le *temps*, et le *mode*.

4. Il y a trois personnes. Les pronoms *je*, *nous*, marquent la troisième personne, c'est-à-dire celle qui parle ; *tu*, *vous*, marquent la seconde personne, c'est-à-dire celle à qui l'on parle ; *il*, *elle*, *ils*, *elles*, et tout nom placé devant un verbe, marquent la troisième personne, c'est-à-dire celle de qui l'on parle.

5. Il y a deux nombres : le *singulier*, quand il s'agit d'une seule personne, comme *je lis*, *tu travailles*, *l'enfant dort* ; le *pluriel*, quand il s'agit de plusieurs personnes, comme *nous lisons*, *vous travaillez*, *les enfants dorment*.

6. Il y a trois temps principaux auxquels tous les autres temps des verbes peuvent se rapporter : le *présent*, qui marque que la chose est ou se fait actuellement, comme *je lis* ; le *passé*, qui marque que la chose a été faite, comme *j'ai lu* ; le *futur*, qui marque que la chose sera, ou se fera, comme *je lirai*.

7. Il y a cinq *modes* ou manières d'exprimer ce que les verbes signifient :

1° L'*Indicatif*, qui exprime qu'une chose est, ou qu'elle a été, ou qu'elle sera ;

2° Le *Conditionnel*, qui exprime qu'une chose serait ou qu'elle aurait été, moyennant une condition ;

3° L'*Impératif*, qui exprime un commandement ;

4° Le *Subjonctif*, qui exprime un souhait, un doute, une crainte ;

5° L'*Infinitif*, qui exprime l'action ou l'état en général, sans nombre ni personne, comme *lire*, *être*.

8. Réciter de suite les différents modes d'un verbe avec tous leurs temps, leurs nombres et leurs personnes, cela s'appelle *conjuguer*.

9. Il y a en français quatre conjugaisons différentes, que l'on distingue par la terminaison de l'infinitif.

La première conjugaison a l'infinitif terminé en *er*, comme *aimer*.

La seconde a l'infinitif terminé en *ir*, comme *finir*.

La troisième a l'infinitif terminé en *oir*, comme *recevoir*.

La quatrième a l'infinitif terminé en *re*, comme *rendre*.

10. Il y a deux verbes que l'on nomme *auxiliaires*, parce qu'ils aident à conjuguer tous les autres : ce sont les verbes *Etre* et *Avoir*.

CONJUGAISON DU VERBE **AVOIR**.

MODE INDICATIF.

PRÉSENT.

J'ai.
Tu as.
Il ou elle a.
Nous avons.
Vous avez.
Ils ou elles ont.

IMPARFAIT.

J'avais.
Tu avais.
Il avait.
Nous avions.
Vous aviez.
Ils avaient.

PASSÉ DÉFINI.

J'eus.
Tu eus.
Il eut.
Nous eûmes.
Vous eûtes.
Ils eurent.

PASSÉ INDÉFINI.

J'ai eu.
Tu as eu.
Il a eu.
Nous avons eu.
Vous avez eu.
Ils ont eu.

PASSÉ ANTÉRIEUR.

J'eus eu.
Tu eus eu.
Il eut eu.
Nous eûmes eu.
Vous eûtes eu.
Ils eurent eu.

PLUS-QUE-PARFAIT.

J'avais eu.
Tu avais eu.
Il avait eu.
Nous avions eu.
Vous aviez eu.
Ils avaient eu.

FUTUR SIMPLE.

J'aurai.
Tu auras.
Il aura.
Nous aurons.
Vous aurez.
Ils auront.

FUTUR PASSÉ.

J'aurai eu.
Tu auras eu.
Il aura eu.
Nous aurons eu.
Vous aurez eu.
Ils auront eu.

MODE CONDITIONNEL.

PRÉSENT OU FUTUR.

J'aurais.
Tu aurais.
Il aurait.
Nous aurions.
Vous auriez.
Ils auraient.

PASSÉ.

J'aurais eu.
Tu aurais eu.
Il aurait eu.
Nous aurions eu.
Vous auriez eu.
Ils auraient eu.

SECOND PASSÉ.

J'eusse eu.
Tu eusses eu.
Il eût eu.
Nous eussions eu.
Vous eussiez eu.
Ils eussent eu.

MODE IMPÉRATIF.

Point de 1re *personne au sing., ni de* 3e *aux 2 nombres.*

Aie.
Ayons.
Ayez.

MODE SUBJONCTIF.

PRÉSENT OU FUTUR.

Que j'aie.
Que tu aies.
Qu'il ait.
Que nous ayons.
Que vous ayez.
Qu'ils aient.

IMPARFAIT.

Que j'eusse.
Que tu eusses.
Qu'il eût.
Que nous eussions.
Que vous eussiez.
Qu'ils eussent.

PASSÉ.

Que j'aie eu.
Que tu aies eu.
Qu'il ait eu.
Que nous ayons eu.
Que vous ayez eu.
Qu'ils aient eu.

PLUS-QUE-PARFAIT.

Que j'eusse eu.
Que tu eusses eu.
Qu'il eût eu.
Que nous eussions eu.
Que vous eussiez eu.
Qu'ils eussent eu.

MODE INFINITIF.

PRÉSENT.

Avoir.

PASSÉ.

Avoir eu. Ayant eu.

PARTICIPE.

PRÉSENT.

Ayant.

PASSÉ.

Eu, eue.

Copier le verbe *avoir* avec un nom, comme ci-après : *avoir chaud, avoir froid, avoir faim, avoir soif, avoir raison, avoir tort, avoir honte, avoir peur, avoir du plaisir, avoir du chagrin.*

CONJUGAISON DU VERBE **ÊTRE**.

MODE INDICATIF.

PRÉSENT.

Je suis.
Tu es.
Il ou elle est.
Nous sommes.
Vous êtes.
Ils ou elles sont.

IMPARFAIT.

J'étais.
Tu étais.
Il était.
Nous étions.
Vous étiez.
Ils étaient.

PASSÉ DÉFINI.

Je fus.
Tu fus.
Il fut.
Nous fûmes.
Vous fûtes.
Ils furent.

PASSÉ INDÉFINI.

J'ai été.
Tu as été.
Il a été.
Nous avons été.
Vous avez été.
Ils ont été.

PASSÉ ANTÉRIEUR.

J'eus été.
Tu eus été.
Il eut été.
Nous eûmes été.
Vous eûtes été.
Ils eurent été.

PLUS-QUE-PARFAIT.

J'avais été.
Tu avais été.
Il avait été.
Nous avions été.
Vous aviez été.
Ils avaient été.

FUTUR SIMPLE.

Je serai.
Tu seras.
Il sera.
Nous serons.
Vous serez.
Ils seront.

FUTUR PASSÉ.

J'aurai été.
Tu auras été.
Il aura été.
Nous aurons été.
Vous aurez été.
Ils auront été.

MODE CONDITIONNEL.

PRÉSENT OU FUTUR.

Je serais.
Tu serais.
Il serait.
Nous serions.
Vous seriez.
Ils seraient.

PASSÉ.

J'aurais été.
Tu aurais été.
Il aurait été.
Nous aurions été.
Vous auriez été.
Ils auraient été.

SECOND PASSÉ.

J'eusse été.
Tu eusses été.
Il eût été.
Nous eussions été.
Vous eussiez été.
Ils eussent été.

MODE IMPÉRATIF.

Point de 1re *personne au sing., ni de* 3e *aux 2 nombres.*

Sois.
Soyons.
Soyez.

MODE SUBJONCTIF.

PRÉSENT OU FUTUR.

Que je sois.
Que tu sois.
Qu'il soit.
Que nous soyons.
Que vous soyez.
Qu'ils soient.

IMPARFAIT.

Que je fusse.
Que tu fusses.
Qu'il fût.
Que nous fussions.
Que vous fussiez.
Qu'ils fussent.

PASSÉ.

Que j'aie été.
Que tu aies été.
Qu'il ait été.
Que nous ayons été.
Que vous ayez été.
Qu'ils aient été.

PLUS-QUE-PARFAIT.

Que j'eusse été.
Que tu eusses été.
Qu'il eût été.
Que nous eussions été.
Que vous eussiez été.
Qu'ils eussent été.

MODE INFINITIF.

PRÉSENT.

Être.

PASSÉ.

Avoir été. Ayant été.

PARTICIPE.

PRÉSENT.

Étant.

PASSÉ.

Été (invariable).

Copier le verbe *être* avec un adjectif, comme ci-après : *être riche, être pauvre, être coupable, être innocent, être malade, être prudent, être habile, être attentif, être vertueux, être heureux.*

PREMIÈRE CONJUGAISON, EN ER.

MODE INDICATIF.

PRÉSENT.

J'aime.
Tu aimes.
Il ou elle aime.
Nous aimons.
Vous aimez.
Ils ou elles aiment.

IMPARFAIT.

J'aimais.
Tu aimais.
Il aimait.
Nous aimions.
Vous aimiez.
Ils aimaient.

PASSÉ DÉFINI.

J'aimai.
Tu aimas.
Il aima.
Nous aimâmes.
Vous aimâtes.
Ils aimèrent.

PASSÉ INDÉFINI

J'ai aimé.
Tu as aimé.
Il a aimé.
Nous avons aimé.
Vous avez aimé.
Ils ont aimé.

PASSÉ ANTÉRIEUR.

J'eus aimé.
Tu eus aimé.
Il eut aimé.
Nous eûmes aimé.
Vous eûtes aimé.
Ils eurent aimé.

PLUS-QUE-PARFAIT.

J'avais aimé.
Tu avais aimé.
Il avait aimé.
Nous avions aimé.
Vous aviez aimé.
Ils avaient aimé.

FUTUR SIMPLE.

J'aimerai.
Tu aimeras.
Il aimera.
Nous aimerons.
Vous aimerez.
Ils aimeront.

FUTUR PASSÉ.

J'aurai aimé.
Tu auras aimé.
Il aura aimé.
Nous aurons aimé.
Vous aurez aimé.
Ils auront aimé.

MODE CONDITIONNEL.

PRÉSENT OU FUTUR.

J'aimerais.
Tu aimerais.
Il aimerait.
Nous aimerions.
Vous aimeriez.
Ils aimeraient.

PASSÉ.

J'aurais aimé.
Tu aurais aimé.
Il aurait aimé.
Nous aurions aimé.
Vous auriez aimé.
Ils auraient aimé.

SECOND PASSÉ.

J'eusse aimé.
Tu eusses aimé.
Il eût aimé.
Nous eussions aimé.
Vous eussiez aimé.
Ils eussent aimé.

MODE IMPÉRATIF.

Point de 1re personne au sing., ni de 3e aux 2 nombres.

Aime (1).
Aimons.
Aimez.

MODE SUBJONCTIF.

PRÉSENT OU FUTUR.

Que j'aime.
Que tu aimes.
Qu'il aime.
Que nous aimions.
Que vous aimiez.
Qu'ils aiment.

IMPARFAIT.

Que j'aimasse.
Que tu aimasses.
Qu'il aimât.
Que nous aimassions.
Que vous aimassiez.
Qu'ils aimassent.

PASSÉ.

Que j'aie aimé.
Que tu aies aimé.
Qu'il ait aimé.
Que nous ayons aimé.
Que vous ayez aimé.
Qu'ils aient aimé.

PLUS-QUE-PARFAIT.

Que j'eusse aimé.
Que tu eusses aimé.
Qu'il eût aimé.
Que n. eussions aimé.
Que v. eussiez aimé.
Qu'ils eussent aimé.

MODE INFINITIF.

PRÉSENT.

Aimer.

PASSÉ.

Avoir aimé.
Ayant aimé.

PARTICIPE.

PRÉSENT.

Aimant.

PASSÉ.

Aimé, aimée.

Ainsi se conjuguent; *chanter, parler, donner, chercher, trouver, inventer, visiter, habiter, flatter, saluer*, etc.

(1) Les impératifs terminés par un *e* muet, prennent une *s* quand ils sont suivis des pronoms *y* et *en* : *Demeures-y, donnes-en-moi.*

SECONDE CONJUGAISON, EN IR.

MODE INDICATIF.

PRÉSENT.

Je finis.
Tu finis.
Il ou elle finit.
Nous finissons.
Vous finissez.
Ils ou elles finissent.

IMPARFAIT.

Je finissais.
Tu finissais.
Il finissait.
Nous finissions.
Vous finissiez.
Ils finissaient.

PASSÉ DÉFINI.

Je finis.
Tu finis.
Il finit.
Nous finîmes,
Vous finîtes.
Ils finirent.

PASSÉ INDÉFINI.

J'ai fini.
Tu as fini.
Il a fini.
Nous avons fini.
Vous avez fini.
Ils ont fini.

PASSÉ ANTÉRIEUR.

J'eus fini.
Tu eus fini.
Il eut fini.
Nous eûmes fini.
Vous eûtes fini.
Ils eurent fini.

PLUS-QUE-PARFAIT.

J'avais fini.
Tu avais fini.
Il avait fini.
Nous avions fini.
Vous aviez fini.
Ils avaient fini.

FUTUR SIMPLE.

Je finirai.
Tu finiras.
Il finira.
Nous finirons.
Vous finirez,
Ils finiront.

FUTUR PASSÉ.

J'aurai fini.
Tu auras fini.
Il aura fini.
Nous aurons fini.
Vous aurez fini.
Ils auront fini.

MODE CONDITIONNEL.

PRÉSENT OU FUTUR.

Je finirais.
Tu finirais.
Il finirait.
Nous finirions.
Vous finiriez.
Ils finiraient.

PASSÉ.

J'aurais fini.
Tu aurais fini.
Il aurait fini.
Nous aurions fini.
Vous auriez fini.
Ils auraient fini.

SECOND PASSÉ.

J'eusse fini.
Tu eusses fini.
Il eût fini.
Nous eussions fini.
Vous eussiez fini.
Ils eussent fini.

MODE IMPÉRATIF.

Point de 1re personne au sing. ni de 3e aux 2 nombres.

Finis.
Finissons.
Finissez.

MODE SUBJONCTIF.

PRÉSENT OU FUTUR.

Que je finisse.
Que tu finisses.
Qu'il finisse.
Que nous finissions.
Que vous finissiez.
Qu'ils finissent.

IMPARFAIT.

Que je finisse.
Que tu finisses.
Qu'il finît.
Que nous finissions.
Que vous finissiez.
Qu'ils finissent.

PASSÉ.

Que j'aie fini.
Que tu aies fini.
Qu'il ait fini.
Que nous ayons fini.
Que vous ayez fini.
Qu'ils aient fini.

PLUS-QUE-PARFAIT.

Que j'eusse fini.
Que tu eusses fini.
Qu'il eût fini.
Que n. eussions fini.
Que vous eussiez fini.
Qu'ils eussent fini.

MODE INFINITIF.

PRÉSENT.

Finir.

PASSÉ.

Avoir fini.
Ayant fini.

PARTICIPE.

PRÉSENT.

Finissant.

PASSÉ.

Fini, finie.

Ainsi se conjuguent : *avertir, fournir, languir, guérir, choisir, nourrir, réussir, vernir, remplir, obéir*, etc.

TROISIÈME CONJUGAISON, EN OIR.

MODE INDICATIF.

PRÉSENT.

Je reçois.
Tu reçois.
Il ou elle reçoit.
Nous recevons.
Vous recevez.
Ils ou elles reçoivent.

IMPARFAIT.

Je recevais.
Tu recevais.
Il recevait.
Nous recevions.
Vous receviez.
Ils recevaient.

PASSÉ DÉFINI.

Je reçus.
Tu reçus.
Il reçut.
Nous reçûmes.
Vous reçûtes.
Ils reçurent.

PASSÉ INDÉFINI.

J'ai reçu.
Tu as reçu.
Il a reçu.
Nous avons reçu.
Vous avez reçu.
Ils ont reçu.

PASSÉ ANTÉRIEUR.

J'eus reçu.
Tu eus reçu.
Il eut reçu.
Nous eûmes reçu.
Vous eûtes reçu.
Ils eurent reçu.

PLUS-QUE-PARFAIT.

J'avais reçu.
Tu avais reçu.
Il avait reçu.
Nous avions reçu.
Vous aviez reçu.
Ils avaient reçu.

FUTUR SIMPLE.

Je recevrai.
Tu recevras.
Il recevra.
Nous recevrons.
Vous recevrez.
Ils recevront.

FUTUR PASSÉ.

J'aurai reçu.
Tu auras reçu.
Il aura reçu.
Nous aurons reçu.
Vous aurez reçu.
Ils auront reçu.

MODE CONDITIONNEL.

PRÉSENT OU FUTUR.

Je recevrais.
Tu recevrais.
Il recevrait.
Nous recevrions.
Vous recevriez.
Ils recevraient.

PASSÉ.

J'aurais reçu.
Tu aurais reçu.
Il aurait reçu.
Nous aurions reçu.
Vous auriez reçu.
Ils auraient reçu.

SECOND PASSÉ.

J'eusse reçu.
Tu eusses reçu.
Il eût reçu.
Nous eussions reçu.
Vous eussiez reçu.
Ils eussent reçu.

MODE IMPÉRATIF.

Point de 1re personne au sing., ni de 3e aux 2 nombres.

Reçois.
Recevons.
Recevez.

MODE SUBJONCTIF.

PRÉSENT OU FUTUR.

Que je reçoive.
Que tu reçoives.
Qu'il reçoive.
Que nous recevions.
Que vous receviez.
Qu'ils reçoivent.

IMPARFAIT.

Que je reçusse.
Que tu reçusses.
Qu'il reçût.
Que nous reçussions.
Que vous reçussiez.
Qu'ils reçussent.

PASSÉ.

Que j'aie reçu.
Que tu aies reçu.
Qu'il ait reçu.
Que nous ayons reçu.
Que vous ayez reçu.
Qu'ils aient reçu.

PLUS-QUE-PARFAIT.

Que j'eusse reçu.
Que tu eusses reçu.
Qu'il eût reçu.
Que n. eussions reçu.
Que v. eussiez reçu.
Qu'ils eussent reçu.

MODE INFINITIF.

PRÉSENT.

Recevoir.

PASSÉ.

Avoir reçu.
Ayant reçu.

PARTICIPE.

PRÉSENT.

Recevant.

PASSÉ.

Reçu, reçue.

Ainsi se conjuguent : *apercevoir, concevoir, percevoir, décevoir, devoir, redevoir.* Les autres verbes en *oir* se conjuguent irrégulièrement.

QUATRIÈME CONJUGAISON, EN RE.

MODE INDICATIF.

PRÉSENT.

Je rends.
Tu rends.
Il ou elle rend.
Nous rendons.
Vous rendez.
Ils ou elles rendent.

IMPARFAIT.

Je rendais.
Tu rendais.
Il rendait.
Nous rendions.
Vous rendiez.
Ils rendaient.

PASSÉ DÉFINI.

Je rendis.
Tu rendis.
Il rendit.
Nous rendîmes.
Vous rendîtes.
Ils rendirent.

PASSÉ INDÉFINI.

J'ai rendu.
Tu as rendu.
Il a rendu.
Nous avons rendu.
Vous avez rendu.
Ils ont rendu.

PASSÉ ANTÉRIEUR.

J'eus rendu.
Tu eus rendu.
Il eut rendu.
Nous eûmes rendu.
Vous eûtes rendu.
Ils eurent rendu.

PLUS-QUE-PARFAIT.

J'avais rendu.
Tu avais rendu.
Il avait rendu.
Nous avions rendu.
Vous aviez rendu.
Ils avaient rendu.

FUTUR SIMPLE.

Je rendrai.
Tu rendras.
Il rendra.
Nous rendrons.
Vous rendrez.
Ils rendront.

FUTUR PASSÉ.

J'aurai rendu.
Tu auras rendu.
Il aura rendu.
Nous aurons rendu.
Vous aurez rendu.
Ils auront rendu.

MODE CONDITIONNEL.

PRÉSENT OU FUTUR.

Je rendrais.
Tu rendrais.
Il rendrait.
Nous rendrions.
Vous rendriez.
Ils rendraient.

PASSÉ.

J'aurais rendu.
Tu aurais rendu.
Il aurait rendu.
Nous aurions rendu.
Vous auriez rendu.
Ils auraient rendu.

SECOND PASSÉ.

J'eusse rendu.
Tu eusses rendu.
Il eût rendu.
Nous eussions rendu.
Vous eussiez rendu.
Ils eussent rendu.

MODE IMPÉRATIF.

Point de 1re personne du sing., ni de 3e aux 2 nombres.

Rends.
Rendons.
Rendez.

MODE SUBJONCTIF.

PRÉSENT OU FUTUR.

Que je rende.
Que tu rendes.
Qu'il rende.
Que nous rendions.
Que vous rendiez.
Qu'ils rendent.

IMPARFAIT.

Que je rendisse.
Que tu rendisses
Qu'il rendît.
Que nous rendissions.
Que vous rendissiez.
Qu'ils rendissent.

PASSÉ.

Que j'aie rendu.
Que tu aies rendu.
Qu'il ait rendu.
Que nous ayons rendu.
Que vous ayez rendu.
Qu'ils aient rendu.

PLUS-QUE-PARFAIT.

Que j'eusse rendu.
Que tu eusses rendu.
Qu'il eût rendu.
Q. n. eussions rendu.
Que v. eussiez rendu.
Qu'ils eussent rendu.

MODE INFINITIF.

PRÉSENT.

Rendre.

PASSÉ.

Avoir rendu.
Ayant rendu.

PARTICIPE.

PRÉSENT.

Rendant.

PASSÉ.

Rendu, rendue.

Ainsi se conjuguent : *attendre, défendre, entendre, prétendre, vendre, répandre, suspendre, confondre, perdre, tordre, etc.*

CONJUGAISON INTERROGATIVE.

11. Il n'y a que les temps de l'Indicatif et ceux du Conditionnel qui se conjuguent interrogativement.

MODE INDICATIF.

PRÉSENT.

Chanté-je?
Chantes-tu?
Chante-t-il?
Chantons-nous?
Chantez-vous?
Chantent-ils?

IMPARFAIT.

Chantais-je?
Chantais-tu?
Chantait-il?
Chantions-nous?
Chantiez-vous?
Chantaient-ils?

PASSÉ DÉFINI.

Chantai-je?
Chantas-tu?
Chanta-t-il?
Chantâmes-nous?
Chantâtes-vous?
Chantèrent-ils.

PASSÉ INDÉFINI.

Ai-je chanté?
As-tu chanté?
A-t-il chanté.
Avons-nous chanté?
Avez-vous chanté?
Ont-ils chanté?

PASSÉ ANTÉRIEUR.

Eus-je chanté?
Eus-tu chanté?
Eut-il chanté?
Eûmes-nous chanté?
Eûtes-vous chanté?
Eurent-ils chanté?

PLUS-QUE-PARFAIT.

Avais-je chanté?
Avais-tu chanté?
Avait-il chanté?
Avions-nous chanté?
Aviez-vous chanté?
Avaient-ils chanté?

FUTUR SIMPLE.

Chanterai-je?
Chanteras-tu?
Chantera-t-il?
Chanterons-nous?
Chanterez-vous?
Chanteront-ils?

FUTUR PASSÉ.

Aurai-je chanté?
Auras-tu chanté?
Aura-t-il chanté?
Aurons-nous chanté?
Aurez-vous chanté?
Auront-ils chanté?

MODE CONDITIONNEL.

PRÉSENT.

Chanterais-je?
Chanterais-tu?
Chanterait-il?
Chanterions-nous?
Chanteriez-vous?
Chanteraient-ils?

PASSÉ.

Aurais-je chanté?
Aurais-tu chanté?
Aurait-il chanté?
Aurions-nous chanté?
Auriez-vous chanté?
Auraient-ils chanté?

SECOND PASSÉ.

Eussé-je chanté?
Eusses-tu chanté?
Eût-il chanté?
Eussions-nous chanté?
Eussiez-vous chanté?
Eussent-ils chanté?

REMARQUES.

Lorsque la première personne finit par un *e* muet comme *j'aime, je chante,* on change cet *e* muet en *é* fermé : *aimé-je, chanté-je*

Lorsque la troisième personne finit par une voyelle, on ajoute un *t* devant les pronoms *il, elle, on : appelle-t-il ? viendra-t-elle? finira-t-on ?* (1)

(1) Si la forme interrogative a un son dur, comme : *cours-je ? mens-je ? dors-je ?* il faut prendre un autre tour et dire : *est-ce que je cours ? est-ce que je mens ? est-ce que je dors ?*

REMARQUES

SUR QUELQUES VERBES DES QUATRE CONJUGAISONS.

12. Les verbes terminés en *cer* prennent une cédille sous le *c* devant les voyelles *a*, *o*, pour en adoucir la prononciation. Ainsi se conjuguent : *avancer*, *annoncer*, *menacer*, *prononcer*, *remplacer*, *renoncer*, etc.

13. Les verbes terminés en *ger*, prennent un *e* après le *g* devant les voyelles *a*, *o*, pour en adoucir aussi la prononciation. Ainsi se conjuguent : *charger*, *corriger*, *partager*, *ravager*, *soulager*, *voyager*, etc.

14. Les verbes terminés en *eler* et *eter* doublent les consonnes *l* et *t* devant un *e* muet. Ainsi se conjuguent : *appeler*, *acheter*, *renouveler*, *projeter*, *atteler*, *crocheter*, etc.

15. Les verbes terminés en *er*, et qui ont cette syllabe précédée d'un *é* fermé ou d'un *e* muet, changent cet *e* en *è* ouvert, devant une syllabe muette. Cependant les verbes terminés en *éger*, conservent toujours l'accent aigu. Ainsi se conjuguent : *espérer*, *répéter*, *amener*, *enlever*, *abréger*, *protéger*, etc.

16. Les verbes terminés en *ier* prennent deux *i* à la première et à la seconde personne plu-

rielles de l'imparfait de l'indicatif et du présent du subjonctif. Ainsi se conjuguent : *étudier*, *prier*, *remercier*, *vérifier*, *congédier*, *supplier*, etc.

17. Les verbes terminés en *ayer*, *oyer*, *uyer*, prennent un *y* et un *i* à la première et à la seconde personne plurielles de l'imparfait de l'indicatif et du présent du subjonctif. De plus ceux en *oyer* et en *uyer* changent l'*y* en *i* devant un *e* muet. Ainsi se conjuguent : *effrayer*, *employer*, *ennuyer*, *balayer*, *nettoyer*, *essuyer*, etc.

18. Le verbe *bénir* a deux participes passés : *bénit*, *bénite*, pour les choses consacrées par les prières des prêtres ; *béni*, *bénie*, partout ailleurs.

19. Le verbe *haïr* s'écrit avec deux points sur l'*i* dans toute sa conjugaison, excepté aux trois personnes singulières du présent de l'indicatif, et à la seconde personne singulière de l'impératif. On écrit : *Je hais*, *tu hais*, *il hait*, *hais*, et l'on prononce *je hès*, *tu hès*, *il het*, *hès*.

20. Les verbes *devoir*, *redevoir*, et *mouvoir*, prennent un accent circonflexe sur l'*u* au participe passé masculin singulier.

21. Les verbes *pouvoir*, *vouloir* et *valoir*, ainsi que leurs composés, prennent un *x* au lieu d'une *s* aux deux premières personnes singulières du présent de l'indicatif : *je peux*, *tu peux* ; *je veux*, *tu veux* ; *je vaux*, *tu vaux*.

22. Les verbes de la quatrième conjugaison, qui ont un *d* à l'infinitif, comme *mordre*, *perdre*,

moudre, *coudre*, etc., conservent le *d* aux trois personnes singulières du présent de l'indicatif. On écrit : *je mords*, *je perds*, *je mouds*, *je couds*; *tu mords*, *tu perds*, *tu mouds*, *tu couds*; *il mord*, *il perd*, *il moud*, *il coud*.

Mais les verbes terminés en *indre* ou en *soudre*, comme *plaindre*, *craindre*, *absoudre*, *résoudre*, etc., perdent le *d* au présent de l'indicatif, et se terminent par *s*, *t* : *je plains*, *je crains*, *j'absous*, *je résous*; *tu plains*, *tu crains*, *tu absous*, *tu résous*; *il plaint*, *il craint*, *il absout*, *il résout*.

23. Les verbes terminés en *aître* et en *oître*, comme *connaître*, *paraître*, *croître*, etc., conservent l'accent circonflexe sur l'*i*, lorsque cette lettre est suivie d'un *t*.

DES TEMPS PRIMITIFS.

24. On appelle *temps primitifs* d'un verbe ceux qui servent à former les autres temps dans les quatre conjugaisons.

25. Il ya cinq temps primitifs, savoir : *le présent de l'indicatif*, *le passé défini*, *le présent de l'infinitif*, *le participe présent*, et *le participe passé*. Les temps qui en sont formés s'appellent *temps dérivés*.

26. *Du présent de l'indicatif* on forme *l'impératif*, en ôtant seulement le pronom *je* : *j'aime*,

impératif *aime ; je finis*, impératif *finis ; je reçois*, impératif *reçois ; je rends*, impératif *rends*.

27. *Du passé défini*, on forme l'*imparfait du subjonctif*, en changeant *ai* en *asse* pour la première conjugaison : *j'aimai*, imparfait du subjonctif *que j'aimasse* ; et en ajoutant seulement *se* pour les trois autres conjugaisons : *je finis*, *je finisse ; je reçus ; je reçusse ; je rendis ; je rendisse*.

28. *Du présent de l'infinitif* on forme :

1° *Le futur de l'indicatif*, en changeant *r*, *oir*, ou *re*, en *rai : aimer, j'aimerai, finir, je finirai ; recevoir, je recevrai ; rendre, je rendrai*.

2° *Le conditionnel présent*, en changeant *r*, *oir*, ou *re*, en *rais : aimer, j'aimerais ; finir, je finirais ; recevoir, je recevrais ; rendre, je rendrais*.

29. *Du participe présent* on forme :

1° *L'imparfait de l'indicatif*, en changeant *ant* en *ais : aimant, j'aimais ; finissant, je finissais ; recevant, je recevais ; rendant, je rendais*.

2° *Le présent du subjonctif*, en changeant *ant* en *e* muet, pour la première, la seconde et la quatrième conjugaison : *aimant, que j'aime ; finissant, que je finisse ; rendant, que je rende*. — Les verbes de la troisième conjugaison changent *evant* en *oive* : *recevant, que je reçoive*.

30. *Du participe passé* on forme tous les temps composés, en y joignant l'un des verbes auxiliaires *avoir* ou *être*, comme : *je suis aimé, j'eus fini, je serai reçu, j'aurai rendu*, etc.

DES VERBES IRRÉGULIERS ET DES VERBES DÉFECTUEUX.

31. On appelle *irréguliers* les verbes qui ne suivent pas la règle générale des conjugaisons; et *défectueux*, ceux qui ne sont pas usités à certains temps et à certaines personnes.

TEMPS PRIMITIFS

DES PRINCIPAUX VERBES IRRÉGULIERS ET DÉFECTUEUX.

PRÉSENT de l'infinitif.	PARTICIPE présent.	PARTICIPE passé.	PRÉSENT de l'indicatif.	PASSÉ défini.
		PREMIÈRE CONJUGAISON.		
Aller,	Allant.	Allé	Je vais.	J'allai. (1)
Envoyer.	Envoyant,	Envoyé.	J'envoie.	J'envoyai.
		SECONDE CONJUGAISON,		
Acquérir.	Acquérant.	Acquis.	J'acquiers.	J'acquis.
Bouillir.	Bouillant,	Bouilli.	Je bous.	Je bouillis.
Courir.	Courant.	Couru.	Je cours.	Je courus.
Cueillir.	Cueillant.	Cueilli.	Je cueille.	Je cueillis.
Dormir.	Dormant.	Dormi.	Je dors.	Je dormis.
Faillir.	Faillant.	Failli.	Je faux.	Je faillis.
Fuir.	Fuyant.	Fui.	Je fuis.	Je fuis.
Gésir.	Gisant.	—	Il gît.	—
Mentir.	Mentant.	Menti.	Je mens.	Je mentis.
Mourir.	Mourant.	Mort.	Je meurs.	Je mourus.
Offrir.	Offrant.	Offert.	J'offre.	J'offris.
Ouvrir.	Ouvrant.	Ouvert.	J'ouvre.	J'ouvris.
Partir.	Partant.	Parti.	Je pars.	Je partis.
Sentir.	Sentant.	Senti.	Je sens.	Je sentis.
Servir.	Servant.	Servi.	Je sers.	Je servis.
Sortir.	Sortant.	Sorti.	Je sors.	Je sortis.
Tenir.	Tenant	Tenu.	Je tiens.	Je tins.
Tressaillir.	Tressaillant.	Tressailli.	Je tressaille,	Je tressaillis.
Venir.	Venant.	Venu.	Je viens.	Je vins.
Vêtir.	Vêtant.	Vêtu.	Je vêts.	Je vêtis.

(1) L'Impératif *va* du verbe *aller* prend un *s* quand il est suivi du pronom *y* : *Vas-y*. Si le pronom *y* était suivi d'un verbe, on écrirait sans *s* : *Va y mettre ordre*. Si le même impératif est suivi du pronom *en*, on met un *t* entre deux tirets : *Va-t-en*.

PRÉSENT de l'infinitif.	PARTICIPE présent.	PARTICIPE passé.	PRÉSENT de l'indicatif.	PASSÉ défini.
TROISIÈME CONJUGAISON.				
Choir.	—	Chu.	—	—
Déchoir.	—	Déchu.	Je déchois.	Je déchus.
Échoir.	Échéant.	Échu.	Il échoit.	Il échut.
Falloir.	—	Fallu.	Il faut.	Il fallut.
Mouvoir.	Mouvant.	Mû.	Je meus.	Je mus.
Pleuvoir.	Pleuvant.	Plu.	Il pleut.	Il plut.
Pouvoir.	Pouvant.	Pu.	Je peux.	Je pus.
Pourvoir.	Pourvoyant.	Pourvu.	Je pourvois.	Je pourvus.
S'asseoir.	S'asseyant.	Assis.	Je m'assieds.	Je m'assis.
Savoir.	Sachant.	Su.	Je sais.	Je sus.
Surseoir.	Sursoyant.	Sursis.	Je sursois.	Je sursis.
Valoir.	Valant.	Valu.	Je vaux.	Je valus.
Voir.	Voyant.	Vu.	Je vois.	Je vis.
Vouloir.	Voulant.	Voulu.	Je veux.	Je voulus.
QUATRIÈME CONJUGAISON.				
Absoudre.	Absolvant.	Absous, absoute.	J'absous.	—
Battre.	Battant.	Battu.	Je bats.	Je battis.
Boire.	Buvant.	Bu.	Je bois.	Je bus.
Braire.	—	—	Il brait.	—
Bruire.	Bruyant.	—	Il bruit.	—
Circoncire.	Circoncisant.	Circoncis.	Je circoncis.	Je circoncis.
Clore.	—	Clos.	Je clos.	—
Conclure.	Concluant.	Conclu.	Je conclus.	Je conclus.
Confire.	Confisant.	Confit.	Je confis.	Je confis.
Coudre.	Cousant.	Cousu.	Je couds.	Je cousis.
Croire.	Croyant.	Cru.	Je crois.	Je crus.
Dire.	Disant.	Dit.	Je dis.	Je dis.
Dissoudre.	Dissolvant.	Dissous, dissoute	Je dissous.	—
Ecrire.	Ecrivant.	Ecrit.	J'écris.	J'écrivis.
Exclure.	Excluant.	Exclu.	J'exclus.	J'exclus.
Faire.	Faisant.	Fait.	Je fais.	Je fis.
Frire.	—	Frit.	Je fris.	—
Lire.	Lisant.	Lu.	Je lis.	Je lus.
Luire.	Luisant.	Lui.	Je luis.	—
Maudire.	Maudissant.	Maudit.	Je maudis.	Je maudis.
Mettre.	Mettant.	Mis.	Je mets.	Je mis.
Moudre.	Moulant.	Moulu.	Je mouds.	Je moulus.
Naître.	Naissant.	Né.	Je nais.	Je naquis.
Nuire.	Nuisant.	Nui.	Je nuis.	Je nuisis.
Paître.	Paissant.	Pu.	Je pais.	—
Prendre.	Prenant.	Pris.	Je prends.	Je pris.
Résoudre.	Résolvant.	Résous ou résolu	Je résous.	Je résolus.
Rire.	Riant.	Ri.	Je ris.	Je ris.
Rompre.	Rompant.	Rompu.	Je romps.	Je rompis.
Suffire.	Suffisant.	Suffi.	Je suffis.	Je suffis.
Suivre.	Suivant.	Suivi.	Je suis.	Je suivis.
Traire.	Trayant.	Trait.	Je trais.	—
Vaincre.	Vinquant.	Vaincu.	Je vaincs.	Je vainquis.
Vivre.	Vivant.	Vécu.	Je vis.	Je vécus.

SUJET DU VERBE.

32. Le *sujet* du verbe est le nom ou le pronom qui est ou qui fait la chose exprimée par le verbe ; on le connaît en faisant la question *qui est-ce qui?* pour les personnes, et *qu'est-ce qui?* pour les choses. Quand je dis : *l'enfant est sage ; qui est-ce qui* est sage? Rép. *l'enfant*. *Enfant* est le sujet du verbe *être*. *Le soleil luit ; qu'est-ce qui* luit? Rép. *le soleil*. *Soleil* est le sujet du verbe *luire*.

33. Tout verbe doit être du même nombre et de la même personne que son sujet :

Je parle : parle est au nombre singulier et de la première personne, parce que *je*, son sujet, est au singulier et de la première personne. *Vous parlez tous deux : parlez* est au nombre pluriel et de la seconde personne, parce que *vous*, son sujet, est au nombre pluriel et de la seconde personne.

34. Quand un verbe a deux sujets singuliers, on met ce verbe au pluriel : *Mon frère et ma sœur lisent.*

35. Quand les deux sujets sont de différentes personnes, on met le verbe à la personne qui a la priorité : la première a la priorité sur la seconde, et la seconde a la priorité sur la troisième : *Vous et moi nous lisons. Vous et votre frère vous lisez.*

NOTA. — *La politesse veut qu'on nomme d'abord la personne à qui l'on parle, et qu'on se nomme le dernier.*

COMPLÉMENTS DU VERBE.

36. Les *compléments* ou *régimes* sont des mots qui servent à compléter la signification du verbe.

37. Il y a deux sortes de compléments : le *complément direct* et le *complément indirect.*

38. Le complément *direct* est le mot qui reçoit directement l'action exprimée par le verbe ; on le connaît en mettant *qui* ou *quoi* après le verbe : *J'aime Dieu*. J'aime qui? Rép. *Dieu. Dieu* est le complément direct du verbe *aimer. J'enseigne la grammaire. J'enseigne quoi?* Rép. *la grammaire. Grammaire* est le complément direct du verbe *enseigner.*

39. Le complément *indirect* est le mot qui reçoit indirectement l'action exprimée par le verbe ; on le connaît en mettant après le verbe *à qui, à quoi*, ou *de qui, de quoi* : *Ecrire une lettre à son ami.* Ecrire à qui? Rép. *à son ami. Ami* est le complément indirect de *écrire. Délivrer quelqu'un du danger*. Délivrer de quoi? Rép. *du danger. Danger* est le complément indirect de *délivrer*.

40. Les mots *à* et *de* n'indiquent pas toujours un complément indirect. Dans cette phrase : *Louis aime à jouer, il refuse de travailler ; à jouer* et *de travailler* sont des compléments directs parce que *à* et *de* sont employés par euphonie.

DIFFÉRENTES SORTES DE VERBES.

41. Il y a cinq sortes de verbes : les verbes *actifs*, les verbes *passifs*, les verbes *neutres*, les verbes *réfléchis*, et les verbes *impersonnels*.

42. Les verbes *actifs* sont ceux qui ont un complément direct, et après lesquels on peut mettre les mots *quelqu'un* ou *quelque chose*. *Aimer* est un verbe actif, parce qu'on peut dire *aimer quelqu'un*, *aimer quelque chose*.

43. Les verbes *passifs* sont le contraire des verbes *actifs* dont ils prennent le complément direct pour sujet. Ainsi pour tourner par le passif cette phrase : *Le chat mange la souris*, dites : *La souris est mangée par le chat*.

44. Les verbes *neutres* sont ceux qui n'ont pas de complément direct, et après lesquels on ne peut pas mettre les mots *quelqu'un* ni *quelque chose*. *Languir*, *dormir*, sont des verbes neutres, parce qu'on ne peut pas dire *languir quelqu'un*, *dormir quelque chose*. Ces verbes s'appelent *neutres*, parce qu'ils ne sont ni *actifs* ni *passifs*.

45. Les verbes *réfléchis* sont ceux dont le sujet et le complément sont la même personne, comme : *je me flatte*, *tu te loues*, *il se blesse*, etc.

46. Les verbes *impersonnels* sont ceux qui ne s'emploient, dans tous les temps, qu'à la troisième personne du singulier, comme *il faut*, *il importe*, *il pleut*, etc.

47. Il n'y a qu'une seule conjugaison pour tous les verbes passifs ; elle se fait avec l'auxiliaire *être* dans tous ses temps, et le participe passé du verbe que l'on veut conjuguer.

CONJUGAISON DES VERBES PASSIFS.

MODE INDICATIF.

PRÉSENT.

Je suis aimé *ou* aimée, etc.

IMPARFAIT.

J'étais aimé *ou* aimée, etc.

PASSÉ DÉFINI.

Je fus aimé *ou* aimée, etc.

PASSÉ INDÉFINI.

J'ai été aimé *ou* aimée, etc.

PASSÉ ANTÉRIEUR.

J'eus été aimé *ou* aimée, etc.

PLUS-QUE-PARFAIT.

J'avais été aimé *ou* aimée, etc.

FUTUR.

Je serai aimé *ou* aimée, etc.

FUTUR PASSÉ.

J'aurai été aimé *ou* aimée, etc.

MODE CONDITIONNEL.

PRÉSENT.

Je serais aimé *ou* aimée, etc.

PASSÉ.

J'aurais été aimé *ou* aimée, etc.

SECOND PASSÉ.

J'eusse été aimé ou aimée, etc.

MODE IMPÉRATIF.

PRÉSENT OU FUTUR.

Sois aimé *ou* aimée, etc.

MODE SUBJONCTIF.

PRÉSENT OU FUTUR.

Que je sois aimé *ou* aimée, etc.

IMPARFAIT.

Que je fusse aimé *ou* aimée, etc.

PASSÉ.

Que j'aie été aimé *ou* aimée, etc.

PLUS-QUE-PARFAIT.

Que j'eusse été aimé *ou* aimée, etc.

MODE INFINITIF.

PRÉSENT.

Être aimé *ou* aimée.

PASSÉ.

Avoir été aimé *ou* aimée.

Ayant été aimé *ou* aimée.

PARTICIPE PRÉSENT.

Étant aimé *ou* aimée.

PARTICIPE PASSÉ.

Aimé *ou* aimée.

48. La plupart des verbes neutres se conjuguent, comme les verbes actifs, avec l'auxiliaire *avoir* dans leurs temps composés. Ceux qui prennent l'auxiliaire *être* se conjuguent comme le verbe suivant.

CONJUGAISON DES VERBES NEUTRES.

MODE INDICATIF.

PRÉSENT.

Je tombe, etc.

IMPARFAIT.

Je tombais, etc.

PASSÉ DÉFINI.

Je tombai, etc.

PASSÉ INDÉFINI.

Je suis tombé *ou* tombée, etc.

PASSÉ ANTÉRIEUR.

Je fus tombé *ou* tombée, etc.

PLUS-QUE-PARFAIT.

J'étais tombé *ou* tombée, etc.

FUTUR.

Je tomberai, etc.

FUTUR PASSÉ.

Je serai tombé *ou* tombée. etc.

MODE CONDITIONNEL.

PRÉSENT.

Je tomberais, etc.

PASSÉ.

Je serais tombé *ou* tombée, etc.

SECOND PASSÉ.

Je fusse tombé *ou* tombée, etc.

MODE IMPÉRATIF.

PRÉSENT OU FUTUR.

Tombe, etc.

MODE SUBJONCTIF.

PRÉSENT OU FUTUR.

Que je tombe, etc.

IMPARFAIT.

Que je tombasse, etc.

PASSÉ.

Que je sois tombé *ou* tombée, etc.

PLUS-QUE-PARFAIT.

Que je fusse tombé *ou* tombée, etc.

MODE INFINITIF.

PRÉSENT.

Tomber.

PASSÉ.

Être tombé *ou* tombée.
Étant tombé ou tombée.

PARTICIPE PRÉSENT.

Tombant.

PARTICIPE PASSÉ.

Tombé, tombée.

Ainsi se conjuguent : *aller*, *arriver*, *entrer*, *sortir*, *mourir*, *naître*, *partir*, *rester*, *descendre*, *monter*, *passer*, *venir*, etc.

49. Les verbes *réfléchis* prennent l'auxiliaire *être* dans leurs temps composés ; mais cet auxiliaire est mis pour *avoir : Je me suis flatté, nous nous sommes nui*, signifient *j'ai flatté moi, nous avons nui à nous.*

CONJUGAISON DES VERBES RÉFLÉCHIS.

MODE INDICATIF.

PRÉSENT.

Je me repens, etc.

IMPARFAIT.

Je me repentais, etc.

PASSÉ DÉFINI.

Je me repentis, etc.

PASSÉ INDÉFINI.

Je me suis repenti *ou* repentie, etc.

PASSÉ ANTÉRIEUR.

Je me fus repenti *ou* repentie, etc.

PLUS-QUE-PARFAIT.

Je m'étais repenti *ou* repentie, etc.

FUTUR.

Je me repentirai, etc.

FUTUR PASSÉ.

Je me serai repenti *ou* repentie, etc.

MODE CONDITIONNEL.

PRÉSENT.

Je me repentirais, etc.

PASSÉ.

Je me serais repenti *ou* repentie, etc

SECOND PASSÉ.

Je me fusse repenti *ou* repentie, etc.

MODE IMPÉRATIF.

PRÉSENT OU FUTUR.

Repens-toi, etc.

MODE SUBJONCTIF.

PRÉSENT OU FUTUR.

Que je me repente, etc.

IMPARFAIT.

Que je me repentisse, etc.

PASSÉ.

Que je me sois repenti *ou* repentie.

PLUS-QUE-PARFAIT.

Que je me fusse repenti *ou* repentie.

MODE INFINITIF.

PRÉSENT.

Se repentir.

PASSÉ.

S'être repentie *ou* repentie.

S'étant repenti *ou* repentie.

PARTICIPE PRÉSENT.

Se repentant.

PARTICIPE PASSÉ.

Repenti *ou* repentie.

50. Les verbes *impersonnels* se conjuguent à la troisième personne comme les autres verbes. Dans les temps composés, les uns prennent l'auxiliaire *avoir*, comme *il a fallu;* les autres l'auxiliaire *être*, comme *il est résulté*.

CONJUGAISON DES VERBES IMPERSONNELS.

MODE INDICATIF.

PRÉSENT.

Il faut.

IMPARFAIT.

Il fallait.

PASSÉ DÉFINI.

Il fallut.

PASSÉ INDÉFINI.

Il a fallu.

PASSÉ ANTÉRIEUR.

Il eut fallu.

PLUS-QUE-PARFAIT.

Il avait fallu.

FUTUR.

Il faudra.

FUTUR PASSÉ.

Il aura fallu.

MODE CONDITIONNEL.

PRÉSENT.

Il faudrait.

PASSÉ.

Il aurait fallu *ou* il eût fallu.

(Point d'Impératif).

MODE SUBJONCTIF.

PRÉSENT.

Qu'il faille.

IMPARFAIT.

Qu'il fallût.

PASSÉ.

Qu'il ait fallu.

PLUS-QUE-PARFAIT.

Qu'il eût fallu.

MODE INFINITIF.

PRÉSENT.

Falloir.

PASSÉ.

Avoir fallu, ayant fallu.

CHAPITRE SEPTIÈME.

DU PARTICIPE.

1. Le *participe* est un mot qui tient du verbe et de l'adjectif : il tient du verbe en ce qu'il en a la signification et le complément : *aimant Dieu, aimé de Dieu;* il tient de l'adjectif en ce qu'il qualifie le mot auquel il se rapporte : *un père honoré, une mère respectée.*

2. Il y a deux sortes de participes : le *participe présent*, et le *participe passé.*

PARTICIPE PRÉSENT.

3. Le *participe présent* est toujours terminé en *ant* et ne varie jamais, c'est-à-dire qu'il ne prend ni genre ni nombre.

Un homme lisant. *Une femme lisant.*
Des hommes lisant. *Des femmes lisant.*

4. Il ne faut pas confondre le participe présent avec certains adjectifs terminés en *ant*, qui s'accordent avec le nom qu'ils qualifient, et

qu'on appelle *adjectifs verbaux* parce qu'ils dérivent des verbes.

Quand on dit *un homme obligeant*, *une femme obligeante*, ces mots ne sont pas des participes, parce qu'ils expriment une qualité. Mais quand on dit : *Cette femme est d'un bon caractère, obligeant tout le monde quand elle le peut*, *obligeant* est ici participe, parce qu'il exprime une action et qu'il a un complément.

PARTICIPE PASSÉ.

5. Le *participe passé* est variable et a diverses terminaisons : *aimé*, *fini*, *reçu*, *écrit*, etc. Il s'accorde ou avec son sujet, ou avec son complément.

6. Le *participe passé*, employé seul ou accompagné de l'auxiliaire *être*, s'accorde toujours en genre et en nombre avec son sujet :

Mon frère puni.	*Ma sœur punie.*
Mes frères ont été punis.	*Mes sœurs ont été punies*(1)

7. Le *participe passé*, accompagné de l'auxiliaire *avoir*, ne s'accorde jamais avec son sujet ;

(1) Le participe *été* n'a ni féminin ni pluriel ; on dit : *elle a été*, *elles ont été*.

mais il s'accorde avec son complément direct s'il en est précédé, et il reste invariable s'il en est suivi, ou s'il n'a pas de complément de cette nature. Ainsi l'on écrit :

AVEC ACCORD.	SANS ACCORD.
La lettre que j'ai écrite.	*J'ai écrit une lettre.*
Les livres que j'ai prêtés.	*J'ai prêté des livres.*
Les histoires que nous avons lues.	*Nous avons beaucoup lu.*

8. REMARQUE. Dans les temps composés des verbes *réfléchis*, le verbe *être* étant employé pour *avoir*, le participe de ces verbes s'accorde avec son complément direct quand il en est précédé, et il reste invariable quand il en est suivi, ou quand il n'en a point.

CHAPITRE HUITIÈME.

DE L'ADVERBE.

1. L'*adverbe* est un mot invariable qui se joint ordinairement au verbe, à l'adjectif, ou à un autre adverbe pour en déterminer la signification. Quand on dit : *Cet enfant parle distinctement*, par le mot *distinctement* l'on fait entendre que cet enfant parle d'une manière plutôt que d'une autre.

2. Les principaux adverbes sont :

1° Les adverbes de *manière* ; ils sont presque tous terminés en *ment*, et ils se forment des adjectifs, comme *sagement* de *sage*, *poliment* de *poli*, *agréablement*, d'*agréable*, *modestement* de *modeste*, etc.

2° Les adverbes d'*ordre*, comme *premièrement*, *secondement*, *d'abord*, *ensuite*, *auparavant*, etc.

3° Les adverbes de *lieu*, comme *où*, *ici*, *là*, *deçà*, *au-delà*, *dessus*, *partout*, *auprès*, *loin*, *dedans*, *dehors*, *ailleurs*, etc.

4° Les adverbes de *temps*, comme *hier*, *autrefois*, *bientôt*, *souvent*, *toujours*, *jamais*, etc.

5° Les adverbes de *quantité*, comme *beaucoup*, *peu*, *assez*, *trop*, *tant*. etc.

6° Les adverbes de *comparaison*, comme *plus*, *moins*, *aussi*, *autant*, etc.

7° Les adverbes d'*affirmation*, comme *oui*, *assurément*, *volontiers*, *sans doute*, etc.

8° Les adverbes de *négation*, comme *non*, *ne pas*, *ne point*, *nullement*, etc.

3. Certains adjectifs sont quelquefois employés comme adverbes ; on dit : *chanter juste*, *parler bas*, *voir clair*, *rester court*, *frapper fort*, *sentir bon*, etc.

4. Les adverbes formés de plusieurs mots s'appellent *locutions adverbiales*.

CHAPITRE NEUVIÈME.

DE LA PRÉPOSITION.

1. La *préposition* est un mot invariable qui sert à marquer le rapport qui existe entre le mot qui la précède et le mot qui la suit. Quand je dis : *le fruit de l'arbre*, *de* marque le rapport qu'il y a entre *fruit* et *arbre*; c'est une *préposition*.

2. Cette espèce de mots s'appelle *préposition*, parce qu'elle se met ordinairement devant le mot qui en est le complément.

3. Les principales prépositions sont :

1° Pour marquer la place ou lieu : *à, après, chez, dans, de, devant, derrière, en, parmi, sur, sous, vers, jusque.*

2° Pour marquer l'ordre : *avant, dès, depuis, entre.*

3° Pour marquer l'union : *avec, durant, outre, pendant, selon, suivant.*

4° Pour marquer la séparation : *excepté, hors, hormis, sans.*

5° Pour marquer l'opposition : *contre, malgré, nonobstant.*

6° Pour marquer le but : *envers*, *pour*, *touchant*.

7° Pour marquer la cause, le moyen : *attendu*, *moyennant*, *par*.

4. Les prépositions formées de plusieurs mots s'appellent *locutions prépositives*.

CHAPITRE DIXIÈME.

DE LA CONJONCTION.

1. La *conjonction* est un mot invariable qui sert à joindre un mot à un autre mot, comme *mon frère* et *ma sœur ;* ou bien un membre de phrase à un autre membre de phrase. Quand on dit : *Il pleure* et *il rit en même temps*, le mot *et* lie le premier membre de phrase *il pleure* avec le second, *il rit*, c'est une conjonction.

2. Les principales conjontions sont :

1° Pour marquer la liaison : *et*, *ni*, *aussi*, *que*.

2° Pour marquer l'opposition : *mais cependant*, *néanmoins*, *pourtant*.

3° Pour marquer la division : *ou*, *ou bien*, *soit*.

4° Pour marquer l'exception : *sinon*, *quoique*.

5° Pour marquer l'intention : *afin que, de peur que.*

6° Pour marquer le temps : *quand, lorsque, dès que, tandis que.*

7° Pour marquer le doute : *si, supposé que, pourvu que, en cas que.*

8° Pour rendre raison : *car, parce que, puisque, vu que.*

9° Pour comparer : *comme, de même que, ainsi que.*

10° Pour ajouter : *de plus, d'ailleurs, outre que.*

11° Pour conclure : *or donc, ainsi, de sorte que.*

3. Les conjonctions formées de plusieurs mots s'appellent *locutions conjonctives.*

CHAPITRE ONZIÈME.

DE L'INTERJECTION.

L'*interjection* est un mot invariable qui sert à exprimer les sentiments subits de l'âme, comme la joie, la douleur, etc.

2. Les principales interjections sont :

1° Pour exprimer la joie : *Ah! Bon!*

2° Pour exprimer la douleur : *Aïe, Ah! Hélas! Ouf!*

3° Pour exprimer la crainte : *Ha! Hé!*

4° Pour exprimer l'aversion : *Fi! Fi donc!*

5° Pour exprimer l'admiration : *Ah! Oh!*

6° Pour encourager : *Çà! Allons! Courage!*

7° Pour appeler : *Holà! Hé! Hem!*

8° Pour faire taire : *Chut, Paix! Silence!*

3. Les interjections formées de plusieurs mots comme *Juste Ciel! Grand Dieu!* etc., s'appellent *locutions interjectives.*

MODÈLE D'ANALYSE GRAMMATICALE.

Hélas! j'ai toujours remarqué que les mauvaises habitudes, contractées dans le jeune âge, disparaissent difficilement.

Hélas Interjection, mot invariable.

j' pour je Pronom personnel de la première personne, singulier, des deux genres, qui représente la personne qui parle, et sujet de *ai remarqué.*

ai remarqué Verbe actif de la première conjugaison, au passé indéfini, à la première personne du singulier. Les temps primitifs sont : *remarquer, remarquant, remarqué, je remarque, je remarquai.*

toujours Adverbe, mot invariable.

que Conjonction, mot invariable.

les Article simple, féminin pluriel, qui se rapporte à *habitudes.*

mauvaises Adjectif, féminin pluriel, qui qualifie *habitudes.*

habitudes Nom commun, féminin pluriel, sujet de *disparaissent.*

contractées Participe passé du verbe *contracter,* féminin pluriel, qui se rapporte à *habitudes.*

dans Préposition, mot invariable.

le Article simple, masculin singulier, qui se rapporte à *âge.*

jeune Adjectif, masculin singulier, qui qualifie *âge.*

âge Nom commun, masculin singulier, complément de la préposition *dans.*

disparaissent Verbe neutre de la quatrième conjugaison, à l'indicatif présent, à la troisième personne du pluriel. Les temps primitifs sont : *disparaître, disparaissant, disparu, je disparais, je disparus.*

difficilement Adverbe, mot invariable.

Nota. On voit, par ce modèle, qu'analyser grammaticalement c'est reconnaître la nature, le genre, le nombre, la fonction, etc., de tous les mots qui composent une phrase.

SECONDE PARTIE.

CHAPITRE DOUZIÈME.

REMARQUES SUR LES LETTRES.

1. La première lettre de chaque alinéa, de chaque phrase, de chaque vers et de tous les noms propres, doit être une lettre majuscule.

2. *A* est nul dans *août*, *Saône*, *taon*, qu'on prononce *oût*, *Sône*, *ton*.

3. *B* est nul dans *plomb*, *aplomb*; mais il sonne dans les noms propres : *Joab*, *Job*, *Jacob*, etc.

4. *C* a le son du *g* dans *Claude*, *second* et ses dérivés. Il ne se prononce pas dans *jonc*, *flanc*, *porc*, *estomac*, *tabac*, etc., mais il sonne dans *bloc*, *échec*, *Marc* (nom d'homme), etc.

5. *Ch* se prononce comme *k* dans les mots suivants : *anachorète*, *chaos*, *Nabuchodonosor*, *Melchior*, *Melchisedech*, *Michel-Ange*, etc. Il est doux dans *Joachim*.

6. *D*, à la fin d'un mot, prend souvent le son du *t* devant une voyelle ou une *h* muette : *grand homme* se prononce comme s'il y avait *grant homme*.

7. *E* a le son de *a* dans *femme*, *solennel*, etc., et dans les adverbes terminés par *emment*, comme *prudemment*, *récemment*.

8. *F* prend le son du *v* devant une voyelle : *il a neuf ans*, prononcez *neu-vans* ; il sonne dans *actif*, *chef*, *soif*, etc. ; il est nul dans *chef-d'œuvre*, *clef*, etc., ainsi qu'au pluriel des mots *bœuf*, *œuf*, *nerf*, qu'on prononce *des beus*, *des eus*, *des ners*.

9. *G* est nul dans *doigt*, *faubourg*, *vingt*, *sang*, etc. ; mais il est dur dans *bourg*, qu'il faut prononcer *bourck*.

10. *Gn*, au milieu d'un mot, forme ordinairement une prononciation mouillée, et se prononce comme dans *ignorant*, *agneau*, *magnanime*.

11. *H* est aspirée dans *héros* : on dit *le héros* ; mais elle ne l'est pas dans *héroïsme*, *héroïne*, *héroïque* ; on dit *l'héroïsme de la vertu*.

12. *I* ne se prononce pas dans *oignon*, *encoignure*, *poignard*, *moignon*, etc.

13. *L*, au milieu et à la fin des mots, quand elle est précédée d'un *i*, est ordinairement mouillée, et se prononce comme dans ces mots : *soleil*, *orgueil*, *famille*, *bouillir*. Cette lettre est

nulle dans les mots *outil*, *fusil*, *baril*, *persil*, *coutil*, etc.

14. *M* ne se prononce pas dans *damner*, *condamner*, *automne;* mais elle sonne dans *automnal*, *hymne*, *indemniser*. Cette lettre se met à la place de *n*, et prend le son, devant un *p* ou *b :* *ambassadeur*, *empereur*. (Les mots *bonbon*, *bonbonnière*, *embonpoint*, *nonpareille*, font exception.)

15. *N* et *R* sont nulles dans *monsieur*, qu'on prononce *mossieu*. Quoiqu'on écrive *honneur* avec deux *n*, il n'en faut qu'une dans *honorer*, *honorable*, *honorifique*.

16. *Qu* a le son de *cou* dans *aquatique*, *équateur*, *quadruple*, etc. On prononce *acouatique*, *écouateur*, *couadruple*, etc.

17. *S*, entre deux voyelles, se prononce comme *z : maison*, *poison*, etc. Cependant les mots *antisocial*, *parasol*, *préséance*, *présupposer*, et quelques autres, conservent la prononciation forte de l'*s*.

18. *T*, suivi d'un *i* et d'une autre voyelle, a souvent le son d'un *c : affection*, *attention*, *portion;* mais il garde toujours sa prononciation dans les mots où il est précédé d'une *s* ou d'un *x :* comme dans *question*, *mixtion*, *indigestion*.

19. *U* se prononce dans *aiguille*, *aiguillon*, *aiguiser*, etc.; mais il ne se fait pas sentir dans *anguille*, *sanguin*, *sanguinaire*.

20. *X* a tantôt le son de deux *s*, comme dans *Auxerre*, *Bruxelles*, *soixante*; tantôt le son d'un *z*, comme dans *deuxième*, *sixième*, *dixième*; et tantôt le son de *gz*, comme dans *exemple*, *exercice*, *Xavier*, etc.

21. *Observation*. On connaît la lettre finale d'un grand nombre de mots par la dérivation. Ainsi l'on écrit :

Accroc avec un *c*, à cause de *accrocher*;
Bord avec un *d*, à cause de *border*;
Faim avec une *m*, à cause de *famine*;
Galop avec un *p*, à cause de *galoper*;
Plomb avec un *b*, à cause de *plomber*.

CHAPITRE TREIZIÈME.

REMARQUES SUR LE NOM.

1. *Amour*, *délice* et *orgue* sont du masculin au singulier, et du féminin au pluriel : *un fol amour*, *de folles amours*; *un grand délice*, *de grandes délices*; *un bel orgue*, *de belles orgues*.

2. *Enfant* est du masculin quand il désigne un garçon ou quand il est employé généralement; il est du féminin quand il désigne une fille : *un joli enfant*; *une belle enfant*; *tous les enfants sont légers*.

3. *Gens* veut le féminin devant lui et le mas-

culin après : *Les vieilles gens sont radoteurs*. Le mot *tout* fait exception, seulement quand l'adjectif qui précède *gens* a la même terminaison pour les deux genres. On dit : *tous les honnêtes gens, tous les braves gens.*

4. *Personne*, employé comme pronom, est du masculin : *Je ne connais personne plus heureux que lui*. Mais, employé comme non commun, ce mot est du féminin : *Cette personne est très-heureuse.*

5. *Chose*, précédé de *quelque*, est du masculin : *Pour savoir quelque chose, il faut l'avoir appris*. Mais, si on peut le tourner par *quelle que soit la chose que*, il est du féminin : *Quelque chose qu'il m'ait dite, je ne lui ai pas répondu.*

6. Il y a des noms qui ne s'emploient qu'au singulier, comme *bonheur*, *chasteté*, *enfance*, *modestie*, *orgueil*, *sagesse*, etc.; il en est d'autres qui ne s'emploient qu'au pluriel, comme *ancêtres*, *entrailles*, *funérailles*, *mœurs*, *ténèbres*, *vêpres*, etc. L'usage les apprendra.

7. Les noms tirés des langues étrangères ne prennent pas la marque du pluriel : des *pater*, des *ave*, des *credo*, des *in-folio*, des *in-quarto*, etc. Cependant on écrit avec une *s* : des *agendas*, des *accessits*, des *bravos*, des *duos*, des *numéros*, des *zéros*, des *opéras*, des *pensums*, etc.

8. Les *noms propres*, quoique précédés de l'article *les*, ne se mettent pas au pluriel : *les*

deux Corneille, les deux Racine. Mais ils se mettent au pluriel s'ils sont employés comme noms communs, c'est-à-dire s'ils désignent des hommes semblables à ceux que l'on nomme : *Les Cicérons sont rares*, c'est-à-dire *les orateurs comme Cicéron*.

9. Les noms formés de la réunion de plusieurs mots s'appellent *noms composés*.

10. Quand un nom composé est formé de deux noms, ils prennent tous les deux la marque du pluriel : *un chef-lieu, des chefs-lieux; un chou-fleur, des choux-fleurs*.

11. Quand un nom composé est formé d'un nom et d'un adjectif, ils prennent aussi l'un et l'autre la marque du pluriel : *un coffre-fort, des coffres-forts; une basse-cour, des basses-cours*.

12. Quand un nom composé est formé de deux noms unis par une préposition, le premier prend seul la marque du pluriel : *un chef-d'œuvre, des chefs-d'œuvre; un arc-en-ciel, des arcs-en-ciel*.

13. Quand un nom composé est formé d'un nom joint à un verbe, ou à un adverbe, ou à une préposition, le nom seul prend la marque du pluriel : *un avant-poste, des avant-postes; un garde-fou, des garde-fous*.

14. Quand un nom composé ne renferme que des mots invariables, aucun d'eux ne prend la marque du pluriel : *un passe-partout, des passe-partout; un pour-boire, des pour-boire*.

15. *Observation.* Il y a beaucoup d'exceptions à ces règles. Pour savoir s'il faut faire usage du singulier ou du pluriel, il faut décomposer les noms afin d'en connaître le sens.

CHAPITRE QUATORZIÈME.

REMARQUES SUR L'ARTICLE.

1. Dans le sens partitif(1), on met *de* au lieu de *des* devant un adjectif. Ainsi on dit : *J'ai lu de bons livres*, et non pas *des bons livres*; *j'ai vu de belles maisons*, et non pas *des belles maisons*. Cependant si l'adjectif et le nom formaient une espèce de nom composé, il faudrait employer l'article : *Les manières des petits-maîtres sont ridicules*.

2. *Le*, placé devant les adverbes *plus*, *moins*. *mieux*, suivis d'un adjectif, est invariable si l'on exprime une qualité portée au plus haut degré : *C'est aujourd'hui que ces élèves ont le plus travaillé;* mais il varie si l'on exprime une comparaison : *Les enfants obéissants sont les plus aimés.*

3. Il ne faut pas confondre l'article possessif pluriel *ses* avec l'article démonstratif *ces*. Le premier exprime une idée de possession : *Une mère*

(1) On appelle *sens partitif* celui par lequel on désigne une partie d'un tout.

aime ses enfants, c'est-à-dire *les siens*. Le second exprime une idée d'indication : *Ces enfants sont sages*, c'est-à-dire *ceux-là*.

4. On ne doit pas se servir des articles *son, sa, ses, leur, leurs*, lorsqu'il s'agit d'un nom de chose. Ainsi ne dites pas : *Paris est beau, j'admire ses bâtiments ;* mais dites : *J'en admire les bâtiments*.

5. Cependant on emploie bien *son, sa, ses, leur leurs*, avec un nom de chose dans les deux cas suivants :

1° Lorsque le nom est exprimé dans le même membre de phrase : *La Seine a sa source en Bourgogne*.

2° Lorsque le nom est le complément d'une préposition : *Paris est beau, j'admire la grandeur de ses bâtiments*.

6. *Vingt* et *cent* prennent une *s* quand ils sont précédés d'un autre nombre et suivis d'un nom, exprimé ou sous-entendu : *Deux cents hommes ; quatre-vingts volumes ; nous étions quatre vingts*.

7. *Mille* est toujours invariable : *Deux mille hommes ;* mais si ce mot désigne une longueur de chemin, il est nom commun et se met au pluriel : *Trois milles d'Italie font une lieue de France*.

8. Pour la date des années, on écrit *mil : L'hiver fut très-rigoureux en mil sept cent neuf*.

CHAPITRE QUINZIÈME.

REMARQUES SUR L'ADJECTIF.

1. Les adjectifs se mettent ou avant ou après les noms auxquels ils se rapportent : *beau jardin*, *grand arbre*, *habit rouge*, *table ronde*. L'usage est le seul guide à cet égard.

Cependant il y a des adjectifs qui ont un sens différent, suivant la place qu'ils occupent. Ainsi :

Un homme grand est un homme d'une haute taille.

Un grand homme est un homme d'un grand mérite.

Un homme honnête est un homme qui a de la politesse.

Un honnête homme est un homme qui a de la probité, etc., etc.

2. L'adjectif *nu*, placé devant un nom, est invariable et se joint à ce nom par un trait-d'union : *nu-pieds*, *nu-jambes*, *nu-tête*. Placé après le nom, il en prend le genre et le nombre : *pieds nus*, *jambes nues*, *tête nue*.

3. *Demi* est aussi invariable devant un nom : *une demi-heure*; mais, placé après le nom, il en prend le genre seulement : *deux heures et demie*.

Ce mot ne se met au pluriel que quand il s'emploie comme nom : *Cette horloge sonne les heures et les demies.*

4. *Même* est adjectif et se met au pluriel quand il accompagne un seul nom pluriel, ou quand il est joint aux pronoms personnels : *Ses ennemis mêmes le respectent; nous-mêmes, vous-mêmes, eux-mêmes.*

5. *Même* est adverbe, et par conséquent invariable, s'il est placé après plusieurs noms ou après un verbe : *Les hommes, les animaux, les plantes même sont sensibles aux bienfaits; les médisants n'épargnent pas même leurs amis.*

6. *Tout* est adjectif quand il exprime la totalité des personnes et des choses : *Tous les hommes, toutes les femmes, tout le monde, toute la terre; ces enfants sont tous aimables.*

7. *Tout*, mis pour *quoique, entièrement*, est adverbe et reste invariable devant un adjectif qui commence par une voyelle ou une *h* muette : *Les enfants, tout aimables qu'ils sont, ne laissent pas d'avoir bien des défauts; ces images, tout amusantes qu'ells sont, ne me plaisent pas; ils sont tout interdits, elles sont tout interdites.*

Mais si l'adjectif féminin commence par une consonne ou par une *h* aspirée, on met *toute, toutes*: *Cette image, toute jolie qu'elle est, ne me plaît pas; ces images, toutes belles qu'elles sont, ne me plaisent pas.*

8. *Quelque... que* s'écrit de trois manières :

1° S'il y a un adjectif seul entre *quelque* et *que*, *quelque* est adverbe et ne prend jamais *s* à la fin : *Les rois, quelque puissants qu'ils soient, ne doivent pas oublier qu'ils sont hommes.*

2° S'il y a un nom entre *quelque* et *que*, *quelque* est article, et se met au même nombre que le nom : *Quelques richesses que vous ayez, vous ne devez mépriser personne.*

3° Si *quelque* est suivi d'un verbe, il faut écrire en deux mots séparés *quel que*. Alors *quel* est adjectif indéfini et s'accorde en genre et en nombre avec le nom : *Quel que soit votre pouvoir, quels que soient vos moyens, quelle que soit votre force, quelles que soient vos richesses, vous ne devez pas en être orgueilleux.*

9. Les adjectifs employés adverbialement sont toujours invariables : *Ces livres coûtent cher ; cette rose sent bon.*

CHAPITRE SEIZIÈME.

REMARQUES SUR LE PRONOM.

1. *Nous*, employé pour *je*, et *vous*, employé pour *tu*, veulent le verbe au pluriel ; mais l'adjectif suivant reste au singulier : *Nous soussigné*,

préfet du Rhône, certifions... ; mon enfant, vous serez estimé si vous êtes sage.

2. *Le, la, les,* sont articles lorsqu'ils sont suivis d'un nom : *Le frère, la sœur, les hommes ;* ils sont pronoms lorsqu'ils sont joints à un verbe: *Je le connais, je la respecte, je les estime.*

3. Le pronom *le* est invariable quand il tient la place d'un adjectif ou d'un verbe. Si l'on disait à une dame : *Madame, êtes-vous malade?* il faudrait qu'elle répondît : Je *le* suis, et non pas : Je *la* suis, parce que *le* tient la place de l'adjectif *malade.* — *On doit s'accommoder à l'humeur des autres autant qu'on le peut ;* je mets *le*, parce qu'il tient la place du verbe *accommoder.*

4. *Leur* ne prend jamais *s* à la fin quand il est joint à un verbe ; alors il signifie *à eux, à elles : Ces enfants ont été sages, je leur donnerai un prix.*

5. *Soi* ne s'emploie qu'après un sujet vague et indéterminé, comme *on, chacun, ce*, etc. : *On ne doit jamais parler de soi ; chacun songe à soi ; n'aimer que soi, c'est être mauvais citoyen.*

6. *Ce* devant le verbe *être* veut ce verbe au singulier, excepté quand il est suivi de la troisième personne plurielle. On dit : *C'est moi, c'est toi, c'est lui, c'est nous, c'est vous qui :* mais il faut dire : *Ce sont eux, ce sont elles, ce sont vos ancêtres qui ont bâti cette maison.*

7. Il ne faut pas confondre le pronom démonstratif *ce* avec le pronom personnel *se*. Le

premier peut être remplacé par *ceci*, *cela*, ou par un nom. Le second peut l'être par les pronoms personnels *soi*, *lui*, *elle*, *eux*, *elles*.

8. *Celui-ci*, *celle-ci*, *ceci*, désignent la personne ou la chose la plus proche, ou dont on a parlé en dernier lieu ; *celui-là*, *celle-là*, *cela*, désignent la personne ou la chose la plus éloignée, ou dont on a parlé en premier lieu : *Les deux philosophes Héraclite et Démocrite étaient d'un caractère bien différent : celui-ci* (Démocrite) *riait toujours*, *celui-là* (Héraclite) *pleurait sans cesse. Je n'aime pas ceci ; donnez-moi cela.*

9. *Qui* relatif est toujours du même genre, du même nombre et de la même personne que son antécédent ; ainsi il faut dire: *Moi qui ai vu ; toi qui as vu ; lui qui a vu ; nous qui avons vu ; vous qui avez vu ; eux qui ont vu ;* et non pas : *Moi qui a vu*.

10. *Qui*, précédé d'une préposition, ne se dit jamais des choses, mais seulement des personnes ; ainsi on ne dit pas : *Les sciences à qui je m'applique*, mais *auxquelles je m'applique ;* tandis qu'on dit bien : *La personne à qui* ou *à laquelle je me confie*.

11. On ne doit pas dire : *C'est en Dieu en qui nous devons mettre notre espérance ; c'est à vous-même à qui je veux parler ;* mais on doit dire sans répéter la préposition : *C'est en Dieu que nous devons mettre notre espérance ; c'est à vous-même*

que je veux parler. Dans ces deux phrases *que* n'est pas relatif, mais conjonction.

12. *Chacun*, précédé d'un nom pluriel, veut après lui tantôt *son, sa, ses*, et tantôt *leur, leurs*.

1° Il veut *son, sa, ses*, quand il est placé après le complément direct du verbe : *Rangez ces livres chacun à sa place*.

2° Il veut *leur, leurs*, quand il est placé avant le complément direct du verbe, ou que le verbe n'a pas de complément de cette nature : *Ces élèves ont fini chacun leur devoir; ils s'en sont allés chacun de leur côté*.

CHAPITRE DIX-SEPTIÈME.

REMARQUES SUR LE VERBE.

1. Quand un verbe a pour sujet un nom collectif, c'est-à dire un nom qui exprime une collection de personnes ou de choses, il s'accorde tantôt avec le collectif, tantôt avec le nom qui suit ce collectif.

1° Le verbe s'accorde avec le collectif, si le collectif est général : *La foule des ennemis prit la fuite*. Le mot *foule* est ici collectif général, parce qu'il exprime la totalité des ennemis

2° Le verbe s'accorde avec le nom qui suit

le collectif, si le collectif est partitif : *Une foule d'ennemis prirent la fuite.* Le mot *foule* est ici collectif partitif, parce qu'il ne désigne qu'une partie des ennemis.

2. Le même nom peut servir de complément à deux adjectifs ou à deux verbes à la fois, pourvu que ces adjectifs et ces verbes ne veuillent pas un complément différent. Ainsi on dit :

Cet homme est utile et cher à sa famille.
Cet officier attaqua et prit la ville.

Mais on ne peut pas dire : *Cet homme est utile et chéri de sa famille,* parce que l'adjectif *utile* veut *à* et non pas *de* devant son complément. On ne peut pas dire non plus : *Cet officier attaqua et s'empara de la ville,* parce que le verbe *attaquer* veut un complément direct et *s'emparer* un complément indirect. Dans ce cas on se sert du pronom *en*, et l'on dit : *Cet officier attaqua la ville et s'en empara.*

3. Tous les mots qui servent de complément à un verbe doivent être de la même espèce. C'est une faute de dire : *Il aime l'étude et à jouer* On doit dire : *Il aime l'étude et le jeu ;* ou bien : *Il aime à étudier et à jouer.*

4. On ne doit pas employer l'*imparfait* pour exprimer une chose qui a lieu dans tous les temps, ou au moment où l'on parle. Ainsi on ne dit pas : *Je vous ai prouvé que Dieu était bon ;*

j'ai appris que vous habitiez Paris. On dit : *Je vous ai prouvé que Dieu est bon; j'ai appris que vous habitez Paris.*

5. On ne doit se servir du *passé défini* qu'en parlant d'un temps absolument écoulé et éloigné au moins d'un jour de l'instant où l'on parle. Il ne faut pas dire : *J'étudiai aujourd'hui, ce matin, cette semaine, cette année,* parce que le jour, la semaine, l'année ne sont pas encore passés; mais on dit bien : *J'étudiai hier, la semaine dernière, l'année passée,* etc.

6. *Le passé indéfini* s'emploie indifféremment pour un temps passé, soit qu'il en reste encore une partie à s'écouler, ou non. On dit bien : *J'ai étudié ce matin, hier, cette semaine, la semaine passée,* etc.

7. On emploie ordinairement le subjonctif :

1° Après un verbe impersonnel;

2° Après un verbe accompagné d'une négation ;

3° Après un verbe qui exprime une interrogation ;

4° Après un verbe qui exprime le désir, le doute, la crainte, etc.;

5° Après certaines locutions conjonctives, comme : *afin que, avant que,* etc.;

6° Après un pronom relatif, quand il est précédé des mots : *peu, le plus, le moins, le seul.*

Emploi des temps du subjonctif.

8. Quand le premier verbe est au présent ou au futur de l'indicatif, on met le second verbe au présent du subjonctif :

Il faut
Il faudra } que vous soyez plus attentif.

Mais si l'on veut exprimer une action passée, on met le second verbe au passé du subjonctif : *Je doute que vous ayez été attentif.*

9. Quand le premier verbe est à l'un des temps passés de l'indicatif, ou au conditionnel, on met le second verbe à l'imparfait du subjonctif :

Il fallait
Il fallut
Il a fallu
Il avait fallu
Il faudrait
Il aurait fallu } que vous fussiez plus attentif.

Mais si l'on veut exprimer une action passée, on met le second verbe au *plus-que-parfait* du subjonctif : *Je n'aurais jamais cru que vous eussiez réussi.*

CHAPITRE DIX-HUITIÈME.

REMARQUES SUR LE PARTICIPE.

1. Le participe passé, suivi d'un infinitif, s'accorde avec le complément qui le précède, quand on peut placer ce complément entre le participe et l'infinitif; dans le cas contraire, il reste invariable. Ainsi on écrit avec accord :

Les oiseaux que j'ai entendus chanter.
Les dames que j'ai vues écrire.

Mais on écrit sans accord :

Les cantiques que j'ai entendu chanter.
Les phrases que j'ai vu écrire.

Parce qu'on ne peut pas dire : *J'ai entendu les cantiques chanter ; j'ai vu les phrases écrire.* Dans ce cas, c'est l'infinitif qui est le complément direct du participe.

2. Après les participes des verbes *devoir*, *pouvoir*, *vouloir*, l'infinitif est quelquefois sous-entendu ; alors le participe reste invariable :

Je lui ai rendu tous les services	*que j'ai dû,* *que j'ai pu,* *que j'ai voulu,*	sous-entendu *lui rendre.*

3. Le participe *fait*, suivi d'un infinitif, est toujours invariable, parce qu'il ne forme qu'une même expression avec cet infinitif : *Les élèves que j'ai fait réciter se sont fait punir.*

4. Lorsqu'un participe passé a pour complément direct *l'* représentant un adjectif ou un membre de phrase, il est également invariable : *Votre sœur est plus savante que je ne l'avais cru ; cette affaire s'est terminée comme je l'avais prévu.* Dans ce cas le pronom *le* est mis pour *cela.*

5. Tout participe passé, précédé du pronom *en*, ne s'accorde jamais avec ce pronom : *Ces fruits étant mûrs, j'en ai cueilli et j'en ai mangé.*

6. Le participe passé des verbes impersonnels, ou employés impersonnellement, ne varie jamais : *Les chaleurs qu'il a fait: les inondations qu'il y a eu.*

CHAPITRE DIX-NEUVIÈME.

REMARQUES SUR L'ADVERBE ET SUR LA PRÉPOSITION.

1. *Plus* et *davantage* ne s'emploient pas toujours l'un pour l'autre : *davantage* ne peut être suivi de la préposition *de* ni de la conjonction *que.* On ne dit pas : *Il a davantage de brillant*

que de solide; il se fie davantage à ses lumières qu'à celles des autres; mais on dit : *Il a plus de brillant, il se fie plus à ses lumières*, etc.

C'est aussi une faute d'employer *davantage* pour *le plus*. Au lieu de dire : *Le mensonge est le vice que je méprise davantage*, dites *que je méprise le plus.*

2. *Plus tôt*, en deux mots, a rapport au temps : *Il arriva plus tôt que les autres.*— *Plutôt*, en un seul mot, marque la préférence : *Plutôt la mort que l'esclavage.*

3. *Tout de suite* signifie *sur-le-champ : Il faut que les enfants obéissent tout de suite.*— *De suite* signifie *successivement : Il ne sait dire deux mots de suite.*

4. *Tout-à-coup* désigne une chose faite subitement : *La pluie tomba tout-à-coup.* — *Tout d'un coup* désigne une chose faite tout en une fois : *Il a gagné mille francs tout d'un coup.*

5. Les adverbes *là* et *ici* ne s'emploient pas avec l'adverbe *où*. Ainsi l'on ne dit pas : *C'est là où il périt; c'est ici où je demeure.* On dit : *C'est là qu'il périt; c'est ici que je demeure*, ou, *c'est là que je demeure.*

6. *Autour* est une préposition : *Autour d'un trône.*—*A l'entour* est un adverbe, et comme tel, il ne peut pas avoir de complément : *Il était sur son trône, et ses fils étaient à l'entour.*

7. *Avant* est une préposition : *Avant l'âge,*

avant le temps. — *Auparavant* est un adverbe, et n'a point de complément : *Ne partez pas si tôt, venez me voir auparavant.*

8. ***En campagne*** se dit du mouvement des troupes, ou d'une course hors de son endroit pour ses affaires : *L'armée est en campagne; j'irai demain en campagne.* Mais il faut dire : *J'ai passé l'été à la campagne.*

9. *Près de* signifie *sur le point de : Il est près de tomber.* — *Prêt à* signifie *disposé à : Il est prêt à partir.*

10. *Au travers* est suivi de la préposition *de : Au travers des ennemis.* — *A travers* n'en est pas suivi. On dit : *A travers les ennemis.*

CHAPITRE VINGTIÈME.

REMARQUES SUR LA CONJONCTION ET SUR L'INTERJECTION.

1. *Quand*, conjonction, signifie *lorsque*, et s'écrit avec un *d*. — *Quant à*, préposition, signifie *à l'égard de*, et s'écrit avec un *t* : *Partez quand vous voudrez, quant à moi je reste.*

2. *Quoique*, en un seul mot, signifie *bien que* : *Quoique je sois pauvre, je suis honnête.* — *Quoi*

que, en deux mots, signifie *quelque chose que : Quoi qu'on en dise, je veux être vertueux.*

3. *Parce que*, en deux mots, signifie *attendu que : Je viens, parce que j'y suis forcé.* — *Par ce que*, en trois mots, signifie *par la chose que : Par ce qu'il dit, on voit qu'il a raison.*

4. *Ou* conjonction ne prend pas d'accent : *Vous ou moi sortirons.* — *Où*, adverbe ou pronom relatif, prend un accent grave : *Allez où vous voudrez ; voici la maison où je demeure.*

Nota. On peut toujours mettre le mot *bien* après la conjonction *ou ;* on ne le peut jamais après *où* adverbe ou pronom.

5. Les interjections *Ha! Ah!* — *Ho! Oh! O!* ne s'emploient pas indifféremment.

6. *Ha! Ho!* avec l'*h* au commencement, expriment l'étonnement, la surprise, et se prononcent rapidement.

Ha! ou *Ho! vous voilà!*
Ha! ou *Ho! que me dites-vous là!*

7. *Ah! Oh!* avec l'*h* à la fin, expriment la joie, la douleur, l'admiration, et se prononcent lentement :

Ah! ou *Oh! quel plaisir.*
Ah! ou *Oh! que je souffre!*

8. *O* se met devant les noms auxquels on adresse la parole : *O mon Dieu! ô mon père! ne m'abandonnez pas.*

CHAPITRE VINGT-UNIÈME.

DE LA PONCTUATION ET DE LA CONSTRUCTION DES PHRASES.

1. La *ponctuation* est l'art d'indiquer, par certains signes, les endroits du discours où l'on doit s'arrêter.

2. Les signes de la ponctuation sont : *la virgule* (,), le *point-virgule* (;), les *deux points* (:), le *point* (.), le *point d'interrogation* (?), le *point d'exclamation* (!), les *points de suspension* (...), le *trait de séparation* (—), les *parenthèses* () et les *guillemets* (« »).

3. La *virgule* se met après les noms, les adjectifs et les verbes qui se suivent : *La candeur, la docilité, la simplicité, sont les vertus de l'enfance. La charité est douce, patiente, bienfaisante. L'homme pense, examine, juge, décide.*

La virgule sert encore :

1° A distinguer les différentes parties d'une phrase : *L'étude rend savant, et la réflexion rend sage.*

2° A remplacer un verbe sous-entendu : *Le printemps donne des fleurs, et l'automne, des fruits.*

3° A séparer un ou plusieurs mots qu'on peut retrancher sans dénaturer le sens de la phrase : *L'honneur est, après la vertu, le plus précieux de tous les biens.*

4. Le *point-virgule* se met entre deux phrases dont l'une dépend de l'autre : *La douceur est une vertu ; mais elle ne doit pas dégénérer en faiblesse.*

5. Les *deux points* se mettent :

1° Après une phrase finie, mais suivie d'une autre qui sert à l'étendre ou à l'éclaircir : *Il ne faut jamais se moquer des misérables : car qui peut s'assurer d'être toujours heureux ?*

2° Avant une citation ou une énumération : *Voici le code de l'égoïste : tout pour moi, rien pour les autres. Il y a quatre saisons : le printemps, l'été, l'automne et l'hiver.*

6. Le *point* se met à la fin des phrases dont le sens est entièrement fini : *Le mensonge est le plus bas de tous les vices.*

7 Le *point d'interrogation* se met à la fin des phrases qui expriment une interrogation : *Quoi de plus beau que la vertu ?*

8. Le *point d'exclamation* se met à la fin des phrases qui expriment une exclamation : *Qu'il est doux de servir le seigneur !*

9. Les *points de suspension* se mettent à la suite d'une phrase interrompue à dessein ; on en met ordinairement trois ou cinq : *Sachez que bientôt..... mais non, vous le saurez plus tard.*

10. Le *trait de séparation* indique le changement d'interlocuteur dans un dialogue, et remplace les mots *dit-il, reprit-il*, etc. : *Quand partirez-vous?—Demain.—Quand reviendrez-vous? — Le mois prochain.*

11. Les *parenthèses* sont deux crochets entre lesquels on renferme quelques mots détachés : *Celui qui évite de s'instruire* (c'est le Sage qui parle), *tombera dans le mal.*

12. Les *guillemets* se mettent au commencement et à la fin d'une citation : Un sage a dit : « *L'instruction est un trésor, et le travail en est la clef.* »

CONSTRUCTION DES PHRASES.

13. Une phrase est la réunion de plusieurs mots formant un sens complet : la construction en est ou *directe* ou *indirecte.*

14. L'ordre à suivre pour la construction *directe* des phrases est de placer, sans former d'équivoque, 1° le sujet et ses dépendances; 2° le verbe avec l'adverbe; 3° les compléments du verbe et les mots qui en dépendent.

15. Si, pour abréger le discours ou pour lui donner plus de grâce et d'énergie, on intervertit cet ordre, la construction est *indirecte* et prend alors le nom de *figurée*, à cause des quatre figures qui la constituent, savoir : *l'inversion, l'ellipse, le pléonasme* et *la syllepse.*

16. *L'inversion* change l'ordre naturel des mots. Dans cette phrase : *A Dieu seul appartient la gloire*, il y a inversion du sujet *gloire*, et du complément *à Dieu seul.*

17. *L'ellipse* retranche certains mots sans nuire au sens et à la clarté. Quand on dit : *Tout passe comme un songe*, il y a ellipse du verbe *passer* après le mot *songe.*

18. *Le pléonasme* est le contraire de l'ellipse ; c'est une surabondance de mots qui donnent de la force à l'expression. Quand on dit : *Je l'ai vu de mes yeux, je l'ai entendu de mes oreilles*, on pourrait dire seulement : *Je l'ai vu, je l'ai entendu*, mais l'expression serait moins vive.

19. Cependant *le pléonasme* est vicieux quand il est employé inutilement : ainsi, il n'est pas correct de dire : *Voyons voir s'ils s'entr'aident mutuellement*, parce que les mots *voir* et *mutuellement* sont inutiles.

20. *La syllepse* fait accorder un mot plutôt avec celui qui frappe l'esprit, qu'avec le mot auquel il se rapporte grammaticalement : *La moitié des passagers périrent ;* je dis *périrent*, parce que le mot *passagers* frappe plus l'esprit que le mot *moitié.*

CHAPITRE VINGT-DEUXIÈME,

DES HOMONYMES.

On appelle *homonymes* les mots qui ont la même prononciation sans avoir la même signification ni la même orthographe.

LISTE DES PRINCIPAUX HOMONYMES.

AGATHE,	*n. p.*	de femme.
AGATE,	*n. f.*	pierre précieuse.
AINE,	*n. m.*	partie du corps humain.
AISNE,	*n. p.*	nom d'une rivière et d'un département.
HAINE,	*n. f.*	aversion, inimitié.
AIR,	*n. m.*	vent ; manière ; musique.
AIRE,	*n. f.*	lieu où l'on bat le grain ; nid.
ÈRE,	*n. f.*	époque d'où l'on compte les années.
ERRE,	*v. n.*	impératif du verbe *errer.*
HAIRE,	*n. f.*	instrument de pénitence.
HÈRE,	*n. m.*	homme sans mérite.
ALÈNE,	*n. f.*	outil de cordonnier.
HALEINE,	*n. f.*	respiration.
AMANDE,	*n. f.*	fruit de l'amandier.
AMENDE,	*n. f.*	peine pécuniaire ; imp. du v. *amender.*

Ancre, *n. f.* instrument pour fixer les vaisseaux.
Encre, *n. f.* liqueur pour écrire.

Antre, *n. m.* caverne, grotte.
Entre, *prép.* qui marque l'ordre ; imp. du v. *entrer*.

Anvers, *n. p.* ville de Belgique.
Envers, *prép.* qui indique le but.

Août, *n. m.* huitième mois de l'année.
Houe, *n. f.* instrument de vigneron.
Houx, *n. m.* arbre toujonrs vert.
Où, *adv.* qui marque le lieu.
Ou, *conj.* qui exprime l'alternative.

Après, *prép.* qui marque le temps ou le lieu.
Apprêt, *n. m.* façon ; préparatif.

Are, *n. m.* mesure agraire.
Art, *n. m.* science ; méthode.
Arrhes, *n. f.* gages, assurances.
Hart, *n. f.* lien d'osier ; corde de supplice.

Au, aux, *art.* employés pour *à le*, *à les*.
Eau, *n. f.* élément liquide.
Haut, *adj.* élevé, fier.
Os, *n. m.* partie la plus dure du corps.
O ! oh ! *interj.* O mon Dieu ! Oh ! quel courage !

Auspices, *n. m. pl.* présage, protection.
Hospice, *n. m.* maison de charité.

Autel, *n. m.* table pour le saint sacrifice.
Hôtel. *n. m.* maison garnie, auberge.

Auteur, *n. m.* celui qui a fait un ouvrage.
Hauteur, *n. f.* élévation ; arrogance.

AVANT,	*prép.*	qui marque l'ordre.
AVENT,	*n. m.*	temps de pénitence.
BALAI,	*n. m.*	instrument pour nettoyer.
BALLET,	*n. m.*	espèce de danse.
BAS,	*n. m.*	chaussure.
BAT,	*n. m.*	selle pour les bêtes de somme.
BATS,	*v. a.*	impératif du verbe *battre*.
BAH !	*interj.*	qui marque le doute, l'étonnement.
BON,	*n. m.*	billet ; *adj.* convenable.
BOND,	*n. m.*	saut.
BOUE,	*n. f.*	fange des rues.
BOUS,	*v. n.*	impératif du verbe *bouillir*.
BOUT,	*n. m.*	l'extrémité d'une chose.
BRICK,	*n. m.*	petit navire.
BRIQUE,	*n. f.*	morceau de terre cuite.
CAHOT,	*n. m.*	saut d'une voiture.
CHAOS,	*n. m.*	confusion.
CAMP,	*n. m.*	lieu où est une armée.
QUAND,	*conj.*	qui signifie *lorsque*.
QUANT,	*prép.*	qui signifie *pour ce qui est de*.
QU'EN,	*prép.*	réunion de *que* et de *en*.
CANE,	*n. f.*	femelle du canard.
CANNE.	*n. f.*	roseau, bâton.
CAR,	*conj.*	qui sert à rendre raison.
QUART,	*n. m.*	4me partie d'un tout.
CELLIER,	*n. m.*	lieu dans lequel on serre le vin.
SELLIER,	*n. m.*	ouvrier qui fait des selles, etc.

Cent,	*art. num.*	dix fois dix.
Sang,	*n. m.*	liqueur qui coule dans les veines.
Sans,	*prép.*	qui marque l'exclusion.
Sens,	*n. m.*	faculté du corps; imp. du verbe *sentir.*
S'en,	*pron.*	réunion de *se* et de *en*.
Cession,	*n. f.*	abandon.
Session,	*n. f.*	durée des séances.
Chaine,	*n. f.*	lien composé d'anneaux entrelacés.
Chêne,	*n. m.*	arbre qui produit le gland.
Chair,	*n. f.*	substance animale, viande.
Chaire,	*n. f.*	siége élevé pour un orateur.
Chère.	*n. f.*	régal, nourriture.
Cher,	*n. m.*	nom d'une rivière et d'un département
—	*adj.*	chéri, précieux, d'un prix élevé.
Champ,	*n. m.*	pièce de terre labourable.
Chant,	*n. m.*	son modulé de la voix.
Chaud,	*adj.*	qui a de la chaleur.
Chaux,	*n. f.*	pierre calcinée.
Choeur,	*n. m.*	terme de musique; partie d'une église.
Coeur,	*n. m.*	partie du corps; milieu; courage.
Cire,	*n. f.*	résidu du miel; impératif du verbe *cirer*
Sire,	*n. m.*	titre des empereurs et des rois.
Clair,	*adj.*	lumineux.
Clerc,	*n. m.*	tonsuré; commis d'un notaire.
Clause,	*n. f.*	condition.
Close,	*adj. f.*	fermée.
Coin,	*n. m.*	encoignure; fer pour fendre le bois.
Coing.	*n. m.*	fruit du cognassier.

Compte	*n. m.*	mémoire ; impératif du verbe *compter*.
Comte,	*n. m.*	titre de noblesse.
Conte,	*n. m.*	récit, fable ; impératif du verbe *conter*.
Comptant,	*adj.*	argent que l'on donne sur-le-champ.
Contant,	*part.*	du verbe *conter*.
Content,	*adj.*	satisfait, joyeux.
Coq,	*n. m.*	oiseau domestique.
Coque,	*n. f.*	enveloppe de l'œuf, de certains fruits.
Coke,	*n. m.*	charbon de terre épuré.
Cor,	*n. m.*	durillon ; instrument de musique.
Corps,	*n. m.*	portion de matière qui forme un tout.
Cou,	*n. m.*	partie du corps.
Coup,	*n. m.*	choc ; action ; fois.
Coût,	*n. m.*	prix d'une chose.
Couds,	*v. a.*	impératif du verbe *coudre*.
Cour,	*n. f.*	lieu clos ; tribunal.
Cours,	*n. m.*	écoulement ; étude ; imp. du v. *courir*.
Court,	*adj.*	qui n'est pas long.
Cri,	*n. m.*	son poussé avec effort.
Cric,	*n. m.*	machine pour soulever.
Cuir,	*n. m.*	peau d'animal corroyée.
Cuire,	*v. a.*	préparer les aliments.
Cygne,	*n. m.*	oiseau.
Signe,	*n. m.*	marque ; impératif du verbe *signer*.
Dais	*n. m.*	ciel sous lequel on porte le St-Sacrem[t].
Dey,	*n. m.*	chef de l'ancien gouvernement d'Alger.
Dès,	*prép.*	qui marque le temps et le lieu.

DAM,	*n. m.*	peine des damnés.
DANS,	*prép.*	qui marque le temps ou le lieu.
DENT,	*n. f.*	os de la mâchoire.
D'EN,		réunion des mots *de* et *en*.
DATE,	*n. f.*	époque ; impératif du verbe *dater*.
DATTE,	*n. f.*	fruit du dattier.
DÉGOÛTER,	*v. a.*	causer du dégoût.
DÉGOUTTER,	*v. n.*	couler goutte à goutte.
DESCELLER,	*v. a.*	arracher ; lever les scellés.
DESSELLER,	*v. a.*	ôter la selle.
DESSIN,	*n. m.*	art de dessiner.
DESSEIN	*n. m.*	projet, intention.
DIFFÉREND,	*n. m.*	contestation.
DIFFÉRENT,	*adj.*	dissemblable.
DIFFÉRANT,	*part.*	du verbe *différer*.
ECOT,	*n. m.*	dépense de chacun dans un repas.
ECHO.	*n. m.*	répétition du son.
ENTER,	*v. a.*	greffer.
HANTER,	*v. a.*	fréquenter, visiter souvent.
ETANG,	*v. a.*	grand amas d'eau dormante.
ETANT,	*part.*	du verbe *être*.
ETENDS,	*v. a.*	impératif du verbe *étendre*.
EURE,	*n. p.*	nom d'une rivière et d'un département.
HEURE,	*n. f.*	24me partie du jour.
EXAUCER,	*v. a.*	écouter favorablement une prière.
EXHAUSSER,	*v. a.*	élever plus haut.

FABRICANT,	*n. m.*	celui qui fabrique.
FABRIQUANT,	*part.*	du verbe *fabriquer.*
FAIM,	*n. f.*	besoin de manger.
FIN,	*n. f.*	terme, motif; *adj.* rusé.
FEINS,	*v. a.*	impératif du verbe *feindre.*
FEINT,	*part.*	du verbe *feindre.*
FAIRE,	*v. a.*	fabriquer, composer.
FERRE,	*v. a.*	impératif du verbe *ferrer.*
FER,	*n. m.*	métal.
FAISAN,	*n. m.*	coq sauvage.
FAISANT,	*part.*	du verbe *faire.*
FAÎTE,	*n. m.*	comble, sommet.
FÊTE,	*n. f.*	jour consacré à Dieu.
FAIX,	*n. m.*	charge, fardeau.
FAIT,	*n. m.*	événement; participe du verbe *faire.*
FAIS,	*v. a.*	impératif du verbe *faire.*
FLAN,	*n. m.*	espèce de pâtisserie.
FLANC,	*n. m.*	partie du corps.
FOI,	*n. f.*	une des trois vertus théologales.
FOIE,	*n. m.*	un des viscères de l'animal.
FOIS,	*n. f.*	qui désigne la quantité.
FOIX,	*n. p.*	ville de France.
FOND,	*n. m.*	la partie la plus basse.
FONDS,	*n. m.*	sol d'un champ ; argent placé.
FONTS,	*n. m. pl.*	bassin où l'on baptise.
GAI,	*adj.*	joyeux.
GUET,	*n. m.*	action de celui qui épie.

GAZ,	*n. m.*	fluide aériforme.
GAZE.	*n. f.*	étoffe légère très-claire.
GEAI,	*n. m.*	oiseau d'un plumage bigarré.
JAIS,	*n. m.*	matière solide d'un noir luisant.
JET,	*n. m.*	action de jeter ; bourgeon développé.
GRACE,	*n. f.*	faveur. bienfait, pardon.
GRASSE,	*n. p.*	ville de France ; *adj. fém.* de *gras.*
GRAISSE,	*n. f.*	substance grasse.
GRÈCE,	*n. p.*	contrée d'Europe.
GRIL,	*n. m.*	ustensile de cuisine.
GRIS,	*adj.*	couleur ; à demi-ivre.
GUÈRE,	*adv.*	qui signifie *peu.*
GUERRE,	*n. f.*	lutte à main armée.
HIER,	*adv.*	qui indique le temps.
HYÈRES,	*n. p.*	ville de France.
HÉROS,	*n. m.*	guerrier d'une grande valeur.
HÉRAUT,	*n. m.*	officier qui fait les publications.
HÉRAULT,	*n. p.*	nom d'une rivière et d'un département.
LAI,	*n. m.*	laïque.
LAID,	*adj.*	difforme.
LAIE,	*n. f.*	femelle du sanglier.
LAIS,	*n. m.*	jeune baliveau.
LAIT,	*n. m.*	liqueur blanche.
LEGS,	*n. m.*	don laissé par testament.
LIE,	*n. f.*	résidu d'une liqueur ; imp. du verbe *lier.*
LIT,	*n. m.*	meuble sur lequel on se couche.
LIS,	*v. a.*	impératif du verbe *lire.*

LIEU,	*n. m.*	endroit.
LIEUE,	*n. f.*	mesure itinéraire.
LION,	*n. m.*	animal féroce.
LYON,	*n. p.*	ville de France.
MAI,	*n. m.*	5me mois de l'année.
MAIS,	*conj.*	qui indique une objection.
METS,	*n. m.*	nourriture ; imp. du verbe *mettre*.
MAIRE,	*n. m.*	premier magistrat d'une commune.
MÈRE.	*n. f.*	femme qui a un ou plusieurs enfants.
MER,	*n. f.*	amas d'eau qui environne la terre.
MAÎTRE,	*n. m.*	chef, possesseur.
MÈTRE,	*n. m.*	unité fondam[le] des nouvelles mesures.
METTRE,	*v. a.*	placer, poser.
MARIE,	*n. p.*	nom de la Sainte-Vierge.
MARI,	*n. m.*	époux.
MARRI,	*adj.*	repentant.
MARTYR,	*n. m.*	martyrisé.
MARTYRE,	*n. m.*	supplice.
MAUX,	*n. m.*	pluriel de *mal*.
MEAUX,	*n. p.*	ville de France,
MORDS,	*v. a.*	impératif du verbe *mordre*.
MORS,	*n. m.*	frein pour les chevaux.
MORT,	*n. f.*	fin de la vie ; part. du verbe *mourir*.
MORE,	*n. p.*	habitant de l'Afrique septentrionale.
MOU,	*adj*,	indolent, qui a peu de vigueur.
MOUDS,	*v. a.*	impératif du verbe *moudre*.
MOUE,	*n. f.*	grimace.
MOÛT,	*n. m.*	vin doux et nouveau.

MUR,	*n. m.*	muraille.
MÛR,	*adj.*	en maturité.
MÛRE,	*n. f.*	fruit du mûrier.
NI,	*conj.*	qui exprime une idée négative.
NID,	*n. m.*	petit logement où l'oiseau pond.
NIE,	*v. a.*	impératif du verbe *nier*.
N'Y,		réunion des mots *ne* et y.
OR,	*n. m.*	métal précieux ; *conjonction*.
HORS,	*prép.*	qui indique l'exclusion.
OUBLI,	*n. m.*	manque de souvenir.
OUBLIE,	*n. f*	pâtisserie ; impér. du verbe *oublier*.
PAIR,	*n. m.*	titre de dignité ; *adj.* égal.
PAIRE,	*n. f.*	deux choses de même espèce.
PÈRE,	*n. m.*	homme qui a un ou plusieurs enfants.
PERDS,	*v. a.*	impératif du verbe *perdre*.
PAIN,	*n. m.*	aliment.
PEINS,	*v. a.*	impératif du verbe *peindre*.
PEINT,	*part.*	du verbe *peindre*.
PIN,	*n. m.*	arbre d'où l'on tire la résine.
PALAIS,	*n. m.*	édifice ; partie de la bouche.
PALET,	*n. m.*	terme de jeu.
PARI,	*n. m.*	gageure, somme gagée.
PARIE,	*v. a.*	impératif du verbe *parier*.
PARIS,	*n. p.*	capitale de la France.
PARTI,	*n. m.*	résolution ; part. du verbe *partir*.
PARTIE,	*n. f.*	portion ; jeu ; plaideur.

PAU,	*n. p.*	ville de France.
PEAU,	*n. f.*	enveloppe du corps de l'homme, etc.
PÔ,	*n. p.*	fleuve d'Italie.
POT,	*n. m.*	vase de terre.
PAUSE,	*n. f.*	suspension, interruption.
POSE.	*n. f.*	action de poser ; imp. du verbe *poser.*
PLAINE,	*n. f.*	plate campagne ; *adj.* plat.
PLEINE,	*adj.*	qui est rempli.
PLAINTE,	*n. f.*	reproche, gémissement.
PLINTHE,	*n. f.*	terme d'architecture.
POIDS,	*n. m.*	pesanteur.
POIS,	*n. m.*	légume.
POIX,	*n. f.*	suc résineux.
POING,	*m. n.*	main fermée.
POINT,	*n. m.*	couture ; négation ; ponctuation.
PORC,	*n. m.*	cochon.
PORES,	*n. m. p.*	ouvertures imperceptibles de la peau.
PORT,	*n. m.*	terme de marine.
POUCE,	*n. m.*	doigt ; ancienne mesure.
POUSSE,	*n. f.*	impératif du verbe *pousser ;* jets.
PRIX,	*n. m.*	valeur ; récompense.
PRIS,	*part.*	du verbe *prendre.*
PRIE,	*v. a.*	impératif du verbe *prier.*
PUIS,	*adv.*	qui signifie *ensuite.*
PUITS,	*n. m.*	trou creusé pour avoir de l'eau.
PUY,	*n. p.*	ville de France.

RAIE,	*n. f.*	trait; poisson; impér. du v. *rayer.*
RAIS,	*n. m.*	rayon d'une roue.
RETS,	*n. m.*	filets.
RAISONNER,	*v. n.*	discourir.
RÉSONNER,	*v. a.*	retentir.
REINE,	*n. f.*	femme d'un roi.
RÊNE,	*n. f.*	courroie, guide.
RENNE,	*n. m.*	animal de la Laponie.
RENNES,	*n. p.*	ville de France.
RHUM,	*n. m.*	liqueur.
ROME,	*n. p.*	ville d'Italie.
ROUE,	*n. f.*	machine ronde et plate; imp. du v. *rouer*
ROUX,	*adj.*	couleur.
SAIN,	*adj.*	salubre; en bon état.
SAINT,	*adj.*	consacré; pur.
SEIN,	*n. m.*	partie du corps; milieu.
CINQ,	*art. num.*	quatre et un.
CEINT.	*part.*	du verbe *ceindre.*
SAINE,	*adj.*	féminin de *sain.*
SCÈNE,	*n. f.*	partie d'un théâtre.
SEINE,	*n. p.*	nom d'un fleuve et d'un département.
CÈNE,	*n. f.*	dernier repas de J.-C. avec ses apôtres.
SALE,	*adj.*	qui n'est pas propre.
SALLE,	*n. f.*	pièce d'un appartement.
SAUT,	*n. m.*	action de sauter.
SCEAU,	*n. m.*	cachet.
SCEAUX,	*n. p.*	village de France.
SEAU,	*n. m.*	vaisseau pour contenir de l'eau.
SOT,	*adj.*	stupide, grossier.

SEL,	*n. m.*	assaisonnement.
SELLE,	*n. f.*	siége placé sur un cheval.
SCELLE,	*v. a.*	impératif du verbe *sceller*.
CELLE,	*pron.*	féminin de *celui*.
SEREIN,	*n. m.*	rosée du soir ; *adj.* doux, calme.
SERIN,	*n. m.*	oiseau.
SOC,	*n. m.*	fer d'une charrue.
SOCQUE,	*n. m.*	sorte de chaussure.
SOI,	*pron.*	de la troisième personne.
Soie,	*n. f.*	fil produit par le ver-à-soie.
SOIS,	*v. a.*	impératif du verbe *être*.
SOIT,	*conj.*	qui exprime l'alternative.
SOU,	*n. m.*	monnaie.
SOUL,	*adj.*	ivre, rassasié.
SOUS,	*prép.*	qui marque le lieu.
STATUE,	*n. f.*	représentation d'un corps humain.
STATUT,	*n. m.*	règlement.
TAIN,	*n. m.*	feuille appliquée derrière les glaces.
TEINS,	*v. a.*	impératif du verbe *teindre*.
TEINT,	*n. m.*	coloris ; participe du verbe *teindre*
THAIN,	*n. p.*	bourg de France.
THYM,	*n. m.*	plante odoriférante.
TAN,	*n. m.*	écorce pilée.
TANT,	*adv.*	qui marque la quantité.
TENDS,	*v. a.*	impératif du verbe *tendre*.
TEMPS,	*n. m.*	durée ; saison.
TANTE,	*n. f.*	sœur du père ou de la mère.
TENTE,	*n. f.*	sorte de pavillon ; impér. du v. *tenter*.

TARD,	*adv.*	qui marque le temps.
TARE,	*n. f.*	déchet ; défaut.
TAUX,	*n. m.*	prix fixé ; taxe.
TÔT,	*adv.*	qui marque le temps.
TAON,	*n. m.*	espèce de grosse mouche.
THON,	*n. m.*	poisson de mer.
TON,	*n. m.*	manière de chanter ; *article possessif.*
TONDS,	*v. a.*	impératif du verbe *tondre.*
TIRANT,	*n. m.*	cordon ; participe du verbe *tirer.*
TYRAN,	*n. m.*	despote, cruel.
TRIBU,	*n. f.*	partie d'un peuple.
TRIBUT,	*n. m.*	impôt.
TROIE,	*n. p.*	ville d'Asie.
TROYES,	*n. p.*	ville de France.
TROIS,	*art. num.*	un et deux.
TROP,	*adv.*	qui indique la quantité.
TROT,	*n. m.*	allure des chevaux.
VAN,	*n. m.*	instrument pour nettoyer le grain.
VENDS,	*v. a.*	impératif du verbe *vendre.*
VENT,	*n. m.*	air agité.
VAINE,	*adj.*	féminin de vain.
VEINE,	*n. f.*	conduit du sang.
VAIN,	*adj.*	inutile ; plein de vanité.
VAINCS,	*v. a.*	impératif du verbe *vaincre.*
VINGT,	*art. num.*	deux fois dix.
VIN,	*n. m.*	liqueur que l'on tire du raisin.

VAUD,	*n. p.*	un des cantons de la Suisse
VAUX,	*n. m.*	pluriel de val.
VEAU,	*n. m.*	petit d'une vache.
VOS,	*art.*	qui marque la possession.
VER,	*n. m.*	insecte.
VERRE,	*n. m.*	corps transparent; vase à boire.
VERS,	*n. m*	poésie; *préposit.* qui marque le lieu.
VERT,	*adj.*	couleur.
VICE,	*n. m.*	défaut, disposition au mal.
VIS,	*n. f.*	pièce de fer pour visser.
VISSE,	*v. a.*	impératif du verbe *visser*.
VIL,	*adj.*	méprisable.
VILLE,	*n. f.*	assemblage considérable de maisons.
VOIE.	*n. f.*	chemin, route; moyen.
VOIS,	*v. a.*	impératif du verbe *voir*.
VOIX,	*n. f.*	son qui sort de la bouche; suffrage.

TABLE DES MATIÈRES

PREMIÈRE PARTIE.

DEUXIÈME PARTIE.

Lyon. — Imprimerie de C. JAILLET, rue Mercière, 92.

EXERCICES ORTHOGRAPHIQUES

Tout exemplaire non revêtu de la signature de l'Éditeur sera réputé contrefait.

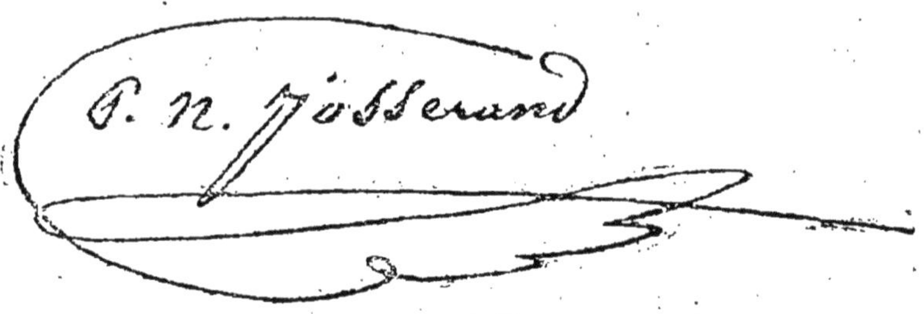

EXERCICES
ORTHOGRAPHIQUES

GRADUÉS

MIS EN RAPPORT AVEC LA GRAMMAIRE FRANÇAISE

DE LHOMOND

PAR

J. B. P.

TROISIÈME ÉDITION

REVUE AVEC SOIN.

LYON

P. N. JOSSERAND LIBRAIRE ÉDITEUR

PLACE BELLECOUR, 3.

1866

PROPRIÉTÉ.

EXERCICES
ORTHOGRAPHIQUES

PREMIÈRE PARTIE.

EXERCICES SUR LES NOTIONS PRÉLIMINAIRES

1er Exercice (No. 2.)

Séparer les syllabes de chaque mot par un trait, et en indiquer le nombre par un chiffre.

Créateur, mondain, astronomie, signification, impolitesse, merveilleux, persécuteur, échafaudage, incompréhensible, satisfait, captif, somptuosité, espièglerie, agneau, nonchalamment, construire, convaincre, soigneux, coquillage, ambitieux, vaisseau, universel, circonférence, amélibrer, dénomination, continuellement, dégrossir, inaccessible, multiplier, mortification, mystérieux, printemps, villageois, impardonnable, avantageux, circonstance, communication, moissonneur, mathématiques, écrivain, électricité, superficiellement, perpendiculairement (1).

(1) Faire conjuguer un verbe après chaque exercice, en commençant par les deux auxiliaires.

2e Exercice. (N° 6.)

Mettre une m *sur les* e *muets, une* f *sur les* e *fermés, et un* o *sur les* e *ouverts.*

Bonté, vérité, prière, modèle, général, vénérable, rivière, comète, réprimande, misère, réponse, étoile, comédie, probité, menace, colère, végétation, vipère, écriture, fécondité, remède, générosité, impiété, planète, caractère, église, infidélité, chaumière, société, inquiétude, manière, évangile, époque, progrès, élève, obéissance, lumière, mémoire, récolte, variété, propreté, précipice, république, flèche, célèbre, bibliothèque, secrétaire, cheminée, échange, prophète, géomètre, siècle, écharpe, pépinière, quadrupède, étourderie, misérable.

3e Exercice. (N° 7.)

*Souligner les mots où l'*Y *est employé pour deux* i.

Les pyramides d'Egypte sont d'une hauteur prodigieuse. Un bon citoyen fait l'honneur de son pays. Tous les hommes ont une place au royaume céleste. La colombe est le symbole de l'innocence. Les yeux sont le miroir de l'âme. La peur grossit les objets et les rend effrayants. Les martyrs sont morts pour la foi. L'hypocrite parle contre sa pensée. Les noyaux de pêche sont extrêmement durs. Les voyageurs aiment à raconter les curiosités qu'ils ont vues. Le temps bien employé paraît court. Le lynx a la vue fort perçante. L'hyène est un animal très-féroce. Le paysan est attaché à son foyer.

4e Exercice. (No 8.)

*Souligner les mots où l'*h *est aspirée.*

L'humilité est le fondement de toutes les vertus. Le hasard ne doit pas gouverner nos actions. Les habitants de la Hollande sont industrieux. L'habitude apprend à supporter la fatigue. Une heure est longue pour la douleur. Les hautes montagnes sont toujours couvertes de neige. L'harmonie des corps célestes est admirable. Un hameau est une réunion de maisons. La honte est le commencement du repentir. L'homme a besoin d'autrui. Le hibou est un oiseau nocturne. Les hannetons ont été d'abord de gros vers. Le hérisson, avec ses piquants, se défend sans combattre.

5e Exercice. (No 9.)

Souligner les voyelles longues.

Les évêques et les prêtres sont les successeurs des apôtres. La gaîté est la santé de l'âme. Un caractère opiniâtre déplaît à tout le monde. Il faut faire l'aumône ; c'est un précepte de la charité. Le spectacle d'une tempête est effrayant. La mûre est le fruit du mûrier. Les aigles bâtissent leurs nids sur les rochers. Les lois sont la sûreté des états. Le sage est maître de ses passions. Le flatteur loue ce qui doit être blâmé. L'honnête homme rend justice même à son ennemi. Le carême dure quarante jours. La ville de Lyon est située au confluent du Rhône et de la Saône.

6e EXERCICE. (N° 10.)

Mettre les accents.

Les eleves studieux preferent l'etude au jeu. Salomon regna sur le trone de David son pere. La charite est la premiere des vertus. La sobriete procure la sante. La societe des honnetes gens est un tresor. Paques est la fete la plus solennelle de l'annee. Un cimetiere est le champ de l'egalite. C'est une lachete de deguiser la verite. On prefere un petit feu qui echauffe a un grand feu qui brule. La reprimande d'un pere et d'une mere est un doux remede. La clemence enchaîne les cœurs. Les impots sont necessaires. La piqure de la vipere est venimeuse.

7e EXERCICE. (N° 11.)

Mettre l'apostrophe aux mots écrits en italique, et dire quelle est la lettre retranchée.

Lâme de *lhomme* est faite à *limage* de Dieu. *Lattention* est *lœil* de *lesprit*. *Lamour* de *létude* embellit la vie. *Lignorance* est sœur de *lorgeuil*.

Le lis est *lemblème* de *linnocence*. *Lennui* est produit par *loisiveté*. *Léconomie* procure *laisance*. *Lindolence* est la suite de *linsouciance*. *Lasile* le plus sûr est le sein *dune* mère. *Lunivers* est le temple de *lEternel*. *Lamitié* craint *labsence*. *Lutile* est préférable à *lagréable*. *Lordre* et *lactivité* amènent *labondance*. A *lœuvre* on connaît *lartisan*. *Cest* à force de forger *quon* devient forgeron.

8e Exercice (N° 13).

Mettre la cédille aux mots écrits en italique.

Le prophète Jérémie *annonca* les malheurs de Jérusalem. Les meilleures *lecons* sont celles de l'expérience. On a souvent tort par la *facon* dont on a raison. Nous ne voudrions pas qu'on *apercût* nos faiblesses. Souvent le ciel serait injuste s'il *exaucait* nos prières. On doit se souvenir des bienfaits qu'on a *recus*. Nous *avancons* par la crainte les maux qui doivent nous arriver. Celui qui *n'apercoit* pas ses fautes ne peut pas s'en corriger. On n'exécute pas toujours les projets qu'on a *concus*. La monarchie *francaise commenca* sous Pharamond. *Francois* Ier fut fait prisonnier en 1525.

9e Exercice (N° 14).

Mettre le tréma aux mots écrits en italique.

L'ange de *Raphael* annonça à Marie qu'elle deviendrait mère de Dieu. *Moise* reçut les dix commandements sur la montagne du *Sinai*. *Saul* fut le premier roi d'*Israel*. La jalousie porta *Cain* à tuer son frère Abel. *Esau* vendit son droit d'aînesse pour un plat de lentilles. Le jour de *Noel* nous rappelle la naissance du Sauveur du monde. Celui qui aime Dieu ne peut *hair* son prochain. La conduite *héroique* de Jeanne d'Arc sauva la France. La *cigue* est un poison violent. La *naiveté* est une qualité. L'*égoiste* est *haissable*. La *baionnette* est une arme *aigue* non tranchante.

10e Exercice (N° 15).

Mettre le trait-d'union.

Il y a des hôtels dieu dans tous les chefs lieux. Les voleurs sont souvent munis de fausses clefs. Il n'est pas prudent de voyager sans passe port. Les petits maîtres sont ridicules. Les usuriers visitent souvent leurs coffres forts. Les loups garous n'épouvantent que les enfants. Les chats huants habitent les forêts. Il est utile de connaître les contre poisons. Les perce neige portent des fleurs en hiver. Les vers à soie sont originaires de la Chine. Une meule est le gagne pain du gagne petit. les porte faix aiment les pour boire. Les gardes champêtres dressent des procès verbaux.

EXERCICES SUR LE PLURIEL DES NOMS.

Ecrire ces exercices au singulier et au pluriel.

1er Exercice (No 9).

Le clocher et la tour (1). Les
Le jardin et la maison. Les
Le champ et la prairie. Les
Le fleuve et la rivière. Les
Le batelier et la barque. Les
Le canif et la plume. Les
Le crayon et la règle. Les
Le fauteuil et la chaise. Les
Le volet et la croisée. Les
Le vin et la liqueur. Les
Le bouchon et la bouteille. Les
Le jour et la nuit. Les

2e Exercice (No 9).

Le cabinet et la chambre. Les
Le secrétaire et la commode. Les
Le miroir et la glace. Les
Le combat et la victoire. Les
Le casque et la cuirasse. Les
Le sabre et la giberne. Les
Le chariot et la voiture. Les
Le chemin et la route. Les
Le vallon et la montagne. Les
Le pommier et la pomme. Les
Le panier et la corbeille. Les
Le renard et la poule. Les

3e Exercice (No 10).

Le palais du souverain Les
Le fils du fermier. Les
Le commis du négociant. Les
Le repas du villageois. Les
Le religieux du monastère. Les
Le crucifix de la chapelle. Les
La voix du prédicateur. Les
La négligence du paresseux. Les
Le compas du géomètre. Les
La poulie du puits. Les
Le nez du perroquet. Les
La corne du chamois. Les

4e Exercice (No 10).

Le bois de la croix. Les
Le remords du criminel. Les
La plainte du malheureux. Les
Le choix du bourgeois. Les
La toile du matelas. Les
Le pays du riz. Les
Le mépris du jaloux. Les
Le tapis du salon. Les
La branche du cyprès. Les
La coquille de la noix. Les
Le nid de la perdrix. Les
Le carquois du Chinois. Les

5e Exercice (No 11).

Le tableau du château. Les
Le vœu du pélerin. Les
La peau du chevreau. Les
Le troupeau du berger. Les
La visite du neveu. Les
La règle du jeu, Les

---

(1) Faire analyser verbalement une partie de chaque exercice.

Le poids du fardeau. Les
Le dos du chameau. Les
La pointe du pieu. Les
Le feu du fourneau. Les
La chaumière du hameau Les
L'adieu du prisonnier. Les

6e Exercice (No 11).

Le pinceau du peintre Les
Le joyau de la princesse. Les
L'anneau du cadenas. Les
La racine du cheveu. Les
Le tuyau de la fontaine. Les
L'enjeu de la partie. Les
Le noyau du fruit. Les
L'essieu du tombereau. Les
L'étau du serrurier. Les
Le roseau du marais. Les
La plume du corbeau. Les
L'aveu du coupable. Les

7e Exercice (No 12).

La jointure du genou. Les
Le prix du bijou. Les
La feuille du chou. Les
Le verrou de la prison. Les
La veine du caillou. Les
Le licou de la jument. Les
La ruse du filou. Les
Le cou du matou. Les
Le trou de la souris. Les
La tête du clou. Les
La vis de l'écrou. Les
Le sou du pauvre. Les

8e Exercice (No 13).

Le chapeau du cardinal. Les
Le juge du tribunal. Les
Le caporal du poste. Les
La douleur du mal. Les
Le bal du carnaval. Les
La feuille du journal. Les
Le fanal du canal. Les
Le signal du départ. Les
Le total de l'addition. Les
Le capital du rentier. Les
Le local du général. Les
Le régal de l'enfant. Les

9e Exercice (No 14).

Le camail du chanoine. Les
Le gouvernail du vaisseau Les
La serrure du portail. Les
Le détail du procès. Les
Le poitrail du cheval. Les
Le bail du locataire. Les
La couleur du corail. Les
Le soupirail de la cave. Les
Le travail du maréchal. Les
La nuance de l'émail. Les
Le vantail de la fenêtre. Les
La place de l'épouvantail. Les

10e Exercice (No 15-17).

Le testament de l'aïeul (g.-p.) Les
La donation de l'aïeule (g.-m.) Les
Le droit de l'aïeul (ancêtres). Les
La prunelle de l'œil. Les
La beauté du ciel. Les
La forme de l'œil-de-bœuf. Les
La garniture du ciel-de-lit. Les
Le manche de l'éventail. Les
Le châssis du vitrail. Les
La propriété du végétal. Les
Le pou de l'animal. Les
Le lieu du rendez-vous. Les

EXERCICES SUR L'ARTICLE.

Ecrire ces exercices au singulier et au pluriel. Remplacer les tirets des quatre premiers par un article simple ou composé.

1er Exercice (Nos 3-5).

— diamant	— couronne.
— trésor	— riche.
— vente	— marchand.
— fusil	— chasseur.
— plafond	— chambre.
— cheminée	— cuisine.
— boucle	— rideau.
— cercle	— tonneau.
— sommet	— montagne.
— fleur	— prairie.
— troupeau	— bergère.
— griffe	— lion.

2e Exercice (Nos 4-5).

— épée	— officier.
— outil	— ouvrier.
— étourderie	— enfant.
— enseigne	— aubergiste.
— usurpation	— usurier.
— inquiétude	— avare.
— entreprise	— ambitieux.
— impolitesse	— ignorant.
— oreille	— écureuil.
— œil	— épervier.
— aiguillon	— abeille.
— aile	— oiseau.

3e Exercice (Nos 4-5).

— habitude	— homme.
— heure	— horloge.
— habit	— habitant.
— héritier	— huissier.
— herboriste	— hospice.
— habitation	— hirondelle.
— hauteur	— haie.
— hache	— héros.
— hangar	— hameau.
— harnais	— hussard.
— hotte	— hongrois.
— hallier	— halle.

4e Exercice (Nos 5).

Se conformer	— usage.
Refuser	— indigent.
Compatir	— douleur.
Ecrire	— ministre.
Se plaindre	— autorité.
Se fier	— inconnu.
Pardonner	— coupable.
S'exposer	— danger.
Se soumettre	— loi.
Assister	— cérémonie.
Expliquer	— élève.
Faire grâce	— ennemi.

5e Exercice (No 6).

Mettre, selon le genre, ce, cet, cette, *devant les noms suivants.*

Monsieur, dame, général, femme, élève, marchand, acheteur, livre, plume, habit, horloge, outrage, discours, vallon, montagne, troupeau, rivière, fleuve, armée, ambassadeur, ministre, hibou, hirondelle, hanneton, honneur, houlette, victoire, hache, bâton, haricot, hareng, bêche, arrosoir, banc, table, hôpital, église, oiseau, montre, couteau, peine, harangue, registre, haine, histoire, maître, hameau, hamac, flûte, piano, berceau, servante, ouvrier, soupirail, propriété, havresac, ermite, lieutenant, hollandais, nation, pomme, raisin, orange.

6e Exercice (No 6).

Printemps, été, automne, hiver, monument, cabane, drap, usage, habitude, étoffe, défaut, vice, vertu, observateur, nouvelle, hérisson, champ, prairie, écolier, avocat, hypocrite, mouton, biche, chèvre, tortue, travail, ouvrage, hauteur, héros, hussard, dragon, mot, phrase, voyelle, chef, hangar, hurlement, hotte, hachis, intervalle, bijou, bague, écritoire, soupir, science, leçon, journal, habitant, volcan, tempête, ouragan, vague, halte, héritier, indicateur, usurier, tyran, défense, historien, hongrois, éclipse, gouffre, heure, village, œillet, rose.

7e Exercice (N° 7).

Mettre, selon le genre, MON, MA, *devant les mots précédés de la lettre* M; TON, TA, *devant les mots précédés de la lettre* T; SON, SA, *devant les mots précédés de la lettre* S; NOTRE, VOTRE, LEUR, *devant les mots précédés des lettres* N, V, L.

M. frère, m. sœur, s. résolution, t. embarras, s. reproche, m. réflexion, s. invention, m. trésor, s. ami, t. talent, n. fortune, v. vertu, l. oiseau, m. épée, t. conseil, t. hutte, l. hameçon, n. usage, v. habitation, s. étude, m. histoire, n. raison, l. avertissement, m. hache, t. maison, l. cheval, v. château, s. coffre, m. défense, m. appartement, l. voiture, m. écriture, s. prière, l. œuvre, m. propriété, t. parent, n. exhortation, v. exemple, t. acquisition, l. bijou, v. aventure, n. rapport, l. mémoire, m. souvenir, t. bienfait, s. récompense, s. commis, l. magasin.

8e Exercice (N° 7).

M. faute, m. erreur, t. papier, v. lettre, t. affaire, s. pied, s. jambe, s. habit, s. houlette, n. chapeau, v. troupeau, l. carrosse, s. protecteur, v. aumône, m. entrepôt, l. manteau, n. couteau, v. ouvrage, l. marchandise, n. hôpital, t. élève, m. étoffe, v. débiteur, n. créancier, l. demande, s. idée, t. hangar, m. outil, t. clef, v. enfant, l. domestique, n. cousin, v. tante, s. ennemi, m. intention, l. action, m. fauteuil, t. chaise, s. tableau, s. armoire, m. domaine, l. héritage, t. infirmité, s. étiquette, v. diamant, l. perle, n. fardeau, m. image, s. observation.

9e Exercice.

Remplacer chaque tiret par un article en rapport avec le sens de la phrase.

(1). L — chemin de l — vertu conduit a — temple d — bonheur. L — espérance soutient l — homme dans s — afflictions. Dieu donne a — fleurs l — aimable parure. A — yeux d — fourmi, n — corps paraît u — colosse. L — enfants obéissants sont l — consolation de l — parents. Celui qui afflige s — père ou s — mère est u — infâme. U — siècle est composé de c — ans, et u — an est composé de d — mois. Faites part à v — ami de v — joies et de v — ennuis. Il n'y a a — condition qui n'ait s — peines. L — Providence nous comble c — jour de bienfaits. C — ruisseau, c — prairie, c — promenades rendent c — endroit charmant.

10e Exercice.

L— pêche d— hareng se fait dans l—mer d—

(1) Cet exercice et le suivant ne se mettent pas au pluriel.

Nord. L — malheur donne a — hommes de l — expérience. U — père aime s — enfants, mais il n'aime pas l — défauts. S — jours font u — semaine, et s — minutes font u — heure. Faire s — fortune n'est pas faire s — bonheur. Faites-vous aimer par v — bonnes qualités, et sachez immoler v — plaisir à v — devoir. Il ne faut jamais rougir d'avouer s — torts. C — soldats ont ralenti l — marche pour attendre l — officiers. Celui qui combat s — mauvais penchants examine, c — soir, q — faute il a commise et à q — devoir il a manqué. M — invention a été utile à p — personnes.

EXERCICES SUR L'ADJECTIF.

Ecrire ces exercices au singulier et au pluriel.

1er Exercice (Nos 4-12).

Le compagnon fidèle,	la compagne f.
Le fleuve rapide,	la rivière r.
Un paquet lourd,	une malle l.
Un nuage brillant,	une couleur b
Du drap fin,	de la laine f.
Un rapport vrai,	une nouvelle v.
Le cerf timide,	la biche t.
Un écolier soumis,	une écolière s.
Ce champ fertile,	cette vigne f.
Cet habit brun,	cette robe b.
Un abricot mûr,	une pomme m.
Un arbre élevé,	une montagne é.

2e Exercice (Nos 5-12).

Un ruban violet,	une étoffe v.
Ce mur mitoyen,	cette maison m.
Mon effort nul,	ma démarche n.
Notre avis formel,	notre défense f.
Son pied mignon,	sa main m.
Le cuir épais,	la peau é.
Un projet bas,	une intention b.
Le père inquiet.	la mère i.
Mon domestique discret,	ma servante d.
Ton mal secret,	ton affectisn s.
Leur costume complet,	leur toilette c.
Un visage replet,	une figure r.

3e Exercice (Nos 6-12).

Notre beau salon,	notre b. chambre.
Le bel escalier,	la b. porte.
Un fruit nouveau,	une saison n.
Ce nouvel hôpital,	cette n. église.
Le vieil usage,	la v. coutume.
Ton vieux meuble,	ta v. armoire.
Son revenu annuel,	sa rente a.
Un garçon mou,	une fille m.
Ce musicien fou,	cette musicienne f.
Le journal quotidien,	la feuille q.
Votre repas prêt,	votre collation p.
Le poil ras,	la barbe r.

4e Exercice (Nos 7-12).

Le soldat captif,	la troupe c.
Cet emploi lucratif,	cette charge l.
Un discours bref,	une narration b.
Ce remède purgatif,	cette plante p.
Le signe négatif,	la phrase n.
Mon voisin veuf,	ma voisine v.
Ton fils adoptif,	ta fille a.
Son œil vif,	sa douleur v.
Votre chapeau neuf,	votre casquette n.
Le sermon instructif,	la réprimande i.
Un corps chétif.	une mine c.
Cet animal craintif.	cette tourterelle c.

5e Exercice. (Nos 8-12.)

Le combat douteux,	la victoire d.
Un convive joyeux,	une société j.
Ce livre dangereux,	cette lecture d.
Mon bâton noueux,	ma canne n.
Ton cheval courageux,	ta jument c.
Votre neveu jaloux,	votre nièce j.
Ce pays heureux,	cette ville h.
Cet objet précieux,	cette découverte p.
Notre raisin doux,	notre orange d.
Leur calcul faux,	leur signature f.
Un cheveu roux,	une toile r.
Le chemin raboteux,	la route r.

6e Exercice. (Nos 9-12.)

Ce marchand trompeur,	cette marchande t.
Un oncle radoteur,	une tante r.
Le perroquet parleur,	la perruche p.
Un ouvrier menteur,	une ouvrière m.
Ce maître grondeur,	cette maîtresse g.
Cet enfant joueur,	cette personne j.
Le chat voleur,	la pie v.
Un esprit rêveur,	une imagination r.
Un langage flatteur,	une parole f.
Un prince protecteur,	une princesse p.
Ce monsieur acteur,	cette dame a.
Ce torrent dévastateur,	cette armée d.

7e Exercice. (Nos 10-12).

Le jeune homme mineur,	la jeune fille m.
Le meilleur choix,	la m. part.
Un devoir majeur,	une affaire m.
Un grade supérieur,	une place s.
L'ornement extérieur,	la marque e.
Le plaisir intérieur,	la joie i.
Un religieux inférieur,	une religieuse i.
Un fait postérieur,	une action p.
Un paiement antérieur,	une date a.
Un gardien inspecteur,	une gardienne i.
Cet homme pécheur,	cette femme p.
Ce concert enchanteur,	cette voix e.

8e Exercice. (Nos 11-12.)

Mon rosier blanc,	ma rose b.
Ton pain frais,	ta miche f.
Un naturel franc,	une conduite f.
Ce terrain sec,	cette terre s.
Un jeu public,	une fête p.
Ce vieillard caduc,	cette gouvernante c.
Ce vaisseau turc,	cette flotte t.
Son manteau long,	sa tunique l.
Notre livre grec,	notre grammaire g.
Un regard malin,	une fièvre m.
Un caractère bénin,	une physionomie b.
Un format oblong,	une forme o.

9e Exercice. (Nos 4-14.)

Le principe général,	la règle g.
Le sirop pectoral,	la tisane p.
Ce nombre décimal,	cette fraction d.
Cet art libéral,	cette idée l.
Un conte moral,	une histoire m.
Un règlement final,	une quittance f.
Cet évènement fatal,	cette sentence f.
Ton sentiment filial,	ta caresse f.
Son entretien jovial,	sa conversation j.
Le cierge pascal,	la communion p.
Le vent glacial,	la région g.
Un combat naval,	une bataille n.

10e Exercice. (Nos 4-17.)

Un peuple sauvage,	une nation s.
Mon diamant bleu,	ma perle b.
Le château ancien,	la ferme a.
Un coup mortel,	une blessure m.
Ton frère jumeau,	ta sœur j.
Un travail récréatif,	une occupation r.
Ce sentier tortueux,	cette route t.
Son air moqueur,	sa manière m.
Cet étranger observateur,	cette étrangère o.
Le fléau vengeur,	la calamité v.
Ce bien national,	cette propriété n.
Un salut amical,	une réponse a (1).

(1) Faire recommencer ces excercices en écrivant le nom féminin le premier, et en ne mettant l'adjectif qu'une fois :

La compagne et le compagnon fidèles.
Les compagnes et les compagnons fidèles.

EXERCICES SUR LE PRONOM.

1er Exercice. (De 1 à 7.)

Remplacer chaque tiret par un pronom personnel en rapport avec le sens de la phrase, et indiquer la personne par un chiffre.

— crois que — partirai demain ; si — veux partir avec —, ne — quitte pas. — Fournissons à ces négociants toutes les marchandises qu'— désirent. Ces rivières sont si rapides quand — débordent, qu'— entraînent avec — tout ce qu— rencontrent. Si l'on accuse votre ami absent, défendez —. Aimez votre mère et respectez — ; souvenez — de la peine qu' — — est donnée pour — élever. Pour connaître les hommes, — faut — fréquenter et — éprouver. Chérissez vos parents ; obéissez — avec plaisir, et écoutez —. Celui qui — croit habile — trompe souvent. — peux — flatter, mon enfant, que ton bonheur dépend de — : car — seras heureux si — es sage.

2e Exercice. (De 1 à 7.)

— ferai réparer cet appartement, puis — — louerai à la personne qui — — demandera. Lorsque — verrai ton frère, — — dirai que — — attends. Si les saints sont heureux dans le ciel, s' — jouissent d'une gloire infinie, c'est qu' — ont mérité une telle récompense. Les bonnes œuvres que — aurons faites ne seront jamais perdues pour —. On doit — méfier de celui qui — flatte. Si votre ennemi a faim, donnez — à manger; s' — a soif, donnez — à boire. Quand — parlez de votre prochain, n'— dites jamais de mal. Pour réussir dans une affaire, — faut — donner tous ses soins. Ces hommes sont blessés, donnez — du secours.

3e Exercice. (Nos 8-7.)

Remplacer les mots en italique par un pronom possessif en rapport avec le sens de la phrase.

Ton père et *mon père*, ta mère et *ma mère*, tes frères et *mes frères*, tes sœurs et *mes sœurs* iront ensemble à la promenade. Chacun veut que le bonheur d'autrui ne trouble pas *son bonheur*. Respecte la propriété de ton voisin, si tu veux qu'il respecte *ta propriété*. Je tiendrai ma parole pourvu que vous teniez *votre parole*. Chacun de nous a son devoir à remplir : faites *votre devoir*, ils feront *leur devoir*. J'espère que notre demande sera accueillie aussi bien que *leur demande*. Le Rhône a sa source dans les Alpes, la Garonne a *sa source* dans les Pyrénées. Quoique votre contrée soit plus fertile que *notre contrée*, nos récoltes valent mieux que *vos récoltes*.

4e Exercice. (Nos 8-9.)

Vos parents étant allés voir *mes parents*, il con

vient que j'aille voir *vos parents*. Chaque saison a ses agréments, l'hiver même a *ses agréments*. Nous sommes clairvoyants sur les défauts de notre prochain, et aveugles sur *nos défauts*. Je vous prie d'écouter mes observations et *leurs observations*. Chacun a ses peines : les grands ont *leurs peines*, comme nous avons *nos peines* ; l'empereur, sur son trône, a aussi *ses peines*. Personne n'est sans défaut : vous avez *vos défauts*, j'ai aussi *mes défauts*. Votre ouvrage est fini, *mon ouvrage* est à peine commencé. Soulage les douleurs de ton voisin, si tu veux qu'il soulage *tes douleurs* ; prends part à ses chagrins, si tu veux qu'il prenne part à *tes chagrins*.

5e Exercice. (N° 10.)

Remplacer les mots en italique par un pronom démonstratif en rapport avec le sens de la phrase.

Nul spectacle n'est plus beau que *le spectacle* de la nature. La première loi que l'on doit suivre est *la loi* de l'honneur. Les jugements de Dieu sont bien différents *des jugements* des hommes. Celui qui n'a aucune vertu est toujours jaloux *des vertus* des autres. Ces deux enfants ont un caractère opposé : *cet enfant* est vif, *cet enfant* est indolent. Ne vous fiez pas à ces deux femmes : *cette femme* est menteuse, *cette femme* est voleuse. Si vous interrogiez ces élèves, vous reconnaitriez que *ces élèves* sont instruits, et que *ces élèves* sont ignorants. Les poires de ce verger sont mûres ; mais *ces poires* le sont plus que *ces poires*. Ces livres sont amusants ; *ces livres* sont instructifs.

6e Exercice. (N° 10.)

La pauvreté marche sur les pas de la paresse, et la maladie sur *les pas* de l'intempérance. Le champ du laboureur diligent est couvert d'épis ; *le champ* du paresseux est couvert de ronces. La langue d'un muet vaut mieux que *la langue* d'un menteur. Les maladies de l'âme sont plus funestes que *les maladies* du corps. Quoique ces ouvriers fassent le même travail, *ces ouvriers* gagnent plus que *ces ouvriers*. Ces oranges paraissent toutes bonnes, néanmoins je crois *ces oranges* meilleures que *ces oranges*. Bien que ces deux oiseaux se ressemblent, on préfère *cet oiseau* à *cet oiseau*. Ces deux fleurs sont odorantes, mais *cette fleur* l'est moins que *cette fleur*.

7e Exercice (N° 11).

Remplacer chaque tiret par un pronom relatif en rapport avec le sens de la phrase.

La vie est un journal sur l — il ne faut inscrire que de bonnes actions. Pratiquons la vertu sans l — personne ne peut être heureux. Les amis sur l — nous comptons. Les sociétés dans l —

nous nous rendons. Les honneurs à la faveur d — nous aspirons. La science à l — je m'applique. La personne sur la protection de l — tu espères. Les choses a — nous sommes habitués. Le domestique à la probité d — je me fie. Les enfants a — on souffre tout sont à plaindre. Il n'est point de malheur d — quelqu'un ne profite. L'avocat q — vous avez choisi est celui q — a plaidé pour moi. Plaignez ceux d — la conduite est déréglée. Heureux ceux q — ont le cœur pur !

8e Exercice (N° 11).

L'obéissance est un devoir dans l — un bon écolier doit se complaire. Le mensonge est un vice d — on ne saurait avoir trop d'horreur. Choisissez bien les personnes a — vous voulez donner votre confiance. Le livre q — plaît n'est pas toujours le plus utile. Les méchants et les sots sont des hommes avec l — il ne faut avoir rien de commun. Il n'y a pas de mal d — il ne naisse un bien. Acquérez la vertu sans l — tous les talents sont inutiles. La franchise a ses bornes au-delà d — elle devient bêtise. Les pauvres a — nous faisons l'aumône ne sont pas toujours reconnaissants. Le soleil est l'astre q — nous admirons le plus.

9e Exercice (Nos 14-15).

Remplacer chaque tiret par un pronom indéfini en rapport avec le sens de la phrase.

O — doit oublier les offenses. Q — vous attend.

C — a sa manière de voir. Q — s'élève sera abaissé. Q — qui frappe, n'ouvrez pas. Je ne donnerais pas ma montre pour q —. Respectez le bien d' —. P — n'est aussi heureux que vous. R — n'est préférable à la vertu. N — n'est prophète dans son pays. A — n'est content de son sort. P — ne réfléchissent pas. L — partent, l — arrivent. T — est pris qui croyait prendre. Q — veut arriver au ciel doit en prendre le chemin. Q — demandez-vous? Q — vous a donné mon adresse? A — vous occupez-vous? Faites du bien à a — Vivez en paix, ne vous querellez pas l —. O — punira q — troublera l'ordre.

10e Exercice. (Nos 14-15).

Les délicats sont malheureux, r — ne saurait les satisfaire. C — a son défaut où toujours il revient. P — n'aime à être trompé. O — travaille pour soi en faisant du bien à a —. Il y a des personnes qui ne peuvent réussir à q. — T — rit aujourd'hui, qui pleurera demain. — Q fait le mal en est puni tôt ou tard. Q — que vous rencontriez, ne vous arrêtez pas. Prenez q — pour vous aider. N — n'est exempt de peines ici-bas. P — se sont présentés. Q — sert la science sans la vertu? De q — parlez-vous? A q — pensez-vous? T — passe dans ce monde; r — ne dure éternellement. — A — n'échappe à la mort. Q — vit content de r — possède —.

EXERCICES SUR LE VERBE.

Copier ces exercices littéralement et les mettre au pluriel. Dire, chaque fois : le mode, le temps, la personne, le sujet et le complément des verbes.

1er Exercice (N° 32).

Je *récompense* mon serviteur. Tu *avoues* ta faute. Le juge *condamne* le coupable. Je *conduisais* la barque. Tu *traversais* la prairie. Ton frère *apprenait* sa leçon. Je *vainquis* l'ennemi. Tu *poursuivis* un lièvre. Le vent *déracina* un arbre. J'*ai taillé* ma vigne. Tu *as moissonné* ton champ. Le renard *a dérobé* une poule. J'*avais tapissé* ma chambre. Tu *avais verni* la porte. Le peintre *avait réparé* ce tableau. J'*expédierai* un ballot. Tu *écriras* une lettre. Le commis *fermera* le magasin. J'*arroserais* le jardin. Tu *cueillerais* une fleur. Le jardinier *grefferait* cet arbre. J'*aurais acheté* un domaine. Tu *aurais vendu* ta propriété. Ta sœur *aurait accepté* ce cadeau.

2e Exercice (N° 32).

J'*explique* le devoir. Tu *reconnais* ton erreur. Le professeur *corrige* la dictée. Je *gardais* la maison. Tu *lisais* une histoire. Le berger *soignait* le troupeau. J'*attelai* le cheval. Tu *chargeas* la voiture. Le domestique *vendit* la marchandise. J'*ai élevé* cet enfant. Tu *as secouru* un étranger. L'avare *a caché* son trésor. J'*avais conclu* un marché. Tu *avais parcouru* la campagne. Le torrent *avait rompu* la digue. Je *visiterai* cette ville. Tu *consulteras* un avocat. Ce monsieur *gagnera* son procès. Je *terminerais* mon travail. Tu *aurais protégé* un orphelin. Ton cousin *aurait servi* ce malade.

3e Exercice (N° 33).

Le riche et le pauvre *sont* égaux devant Dieu. L'enfant et le vieillard *oublient* facilement. Le général et le soldat *combattaient* ensemble. Ce voyageur et son guide s'*égarèrent* dans la forêt. Le père et le fils *ont labouré* leur champ. La mère et la fille *avaient apprêté* le repas. L'oiseau et le lièvre *craindront* toujours le chasseur. Le sergent et le caporal *auront reçu* leur congé. L'ouvrier et l'apprenti travaillaient avec leur maître. Mon frère et ma sœur *avaient appris* une fable. Un mouton et une brebis *rencontrèrent* un loup. Le médisant et le calomniateur se *repentiront* un jour. Le fermier et son valet *termineraient* leur ouvrage. La rose et l'œillet *auraient embelli* ce bouquet.

4e Exercice (N° 34).

Ton ami et moi n'*approuvons* pas ta conduite. Toi et ton frère me *donnez* beaucoup de peine. Ma sœur et toi *partirez* demain. Toi et lui *avez aperçu* cette erreur. Lui, toi et moi *avons compris* facilement. Toi, lui et moi ne *pouvons habiter* ensemble. Lui et toi ne *pouvez* vous *accorder*.

Lui et moi *sommes* du même âge. Toi et celui qui te *conduit périrez*. Ni toi, ni moi n'*avons passé* par ce chemin. Toi et ton voisin *avez* tort de vous *plaindre*. C'est toi et lui qui me *fîtes* peur. Mon cousin et moi *avons remporté* tous les prix. C'est toi et ton frère qui m'*avez calomnié*. Cet homme et toi me *poursuivez* toujours. Toi et moi *sommes* satisfaits. Lui et toi *êtes* toujours contents.

5e Exercice (N° 32).

J'*honore* la vertu et je *méprise* le vice. Si tu *vis* de peu, tu ne *manqueras* jamais de rien. Celui-là *est* vraiment grand, qui *est* petit à ses yeux. Si je *disais* que je *suis* sans défauts, je ne *dirais* pas la vérité. Tu n'*as* pas assez bonne mémoire pour te *rappeler* tout ce que tu *as appris*. Le sage *préfère* la science à la richesse. L'homme qui *parle* le plus est souvent celui qui *réfléchit* le moins. Je ne *répète* jamais le mal que j'*entends dire*. Si tu *partages* avec ton frère, il *partagera* avec toi quand il *aura*. L'indiscret se *repent* souvent de ce qu'il *a dit*. *Ecris* sur le sable le service que tu *rends*, et *grave* sur le marbre celui que tu *reçois*; c'est ainsi qu'*agit* le sage.

6e Exercice (N° 32).

Je t'*assure* que je *vendrais* tout ce que je *possède* pour *remplir* l'engagement que j'*ai pris*. Je *voudrais* que tu *misses* plus d'exactitude dans tout ce que tu *fais*. Mon neveu *partit* aussitôt qu'il en *reçut* l'ordre ; mais il *revint* bientôt. Je *serais* content si tu *pouvais* m'*obtenir* un emploi près de toi. *J'ensemencerai* mon champ pendant que tu *laboureras* le tien. Celui qui ne *travaille* pas ne *mérite* pas la nourriture qu'il *prend*. L'homme bienfaisant *donne* plus qu'il ne *promet ;* l'homme ingrat *promet* plus qu'il ne *tient*.. Si tu *as fait* une bonne action, ne t'en *vante* pas ; si tu *as reçu* une injure, ne t'en *venge pas* ; s'il *t'arrive* une disgrâce, *supporte*-la avec patience.

7e Exercice (N° 32).

Je me *jetterais* souvent dans l'erreur si je ne *réfléchissais* pas avant d'*agir*. Je *sortis* aussitôt que j'*eus fini* ; tu *courus* après moi, tu me *cherchas* et tu ne *pus* me *rencontrer*. L'écolier qui ne *veut* pas s'*appliquer* à ses devoirs ne *pourra* jamais *occuper* un emploi honorable. *J'ai acheté* une propriété, je te la *ferai visiter* quand tu *viendras me voir*. Le malheureux qui *gémit* dans la misère, *mérite* que le riche *ait* pitié de lui et qu'il le *soulage*. *J'ai* de l'indulgence pour mon voisin afin qu'il en *ait* pour moi. L'ami qui t'*avertit* pour que tu ne *commettes* pas une faute est celui qui t'*aime* le mieux. Si tu *veux devenir* riche, *sache ménager* ce que tu *gagnes*.

8e Exercice (N° 32).

Je te *promets* de faire tout ce que je *pourrai*

pour toi, si tu *fuis* la compagnie du libertin dont je *t'ai parlé*. Tu ne *seras* content le soir que lorsque tu *auras* bien *employé* la journée. Celui qui *bêche* dans le champ d'autrui, *s'expose à voir labourer* dans le sien. Je *désirerais* que mon fils *acquît* de l'instruction et qu'il *devînt* vertueux. Si tu *avais eu* la peine de *gagner* ta fortune, tu *aurais* plus d'économie. L'homme le moins heureux que je *connaisse* est celui qui *a* de grandes richesses dont il ne *sait* pas *faire* un bon emploi. *J'ai renoncé* à mon projet, parce que *j'ai reconnu* que je ne *pourrais* pas *l'exécuter* comme je le *désirais*. Ne *remets* pas à demain le bien que tu *peux faire* aujourd'hui.

9e Exercice (N° 32).

Je *dormais* paisiblement, parce que je *croyais* que tu *veillais* sur moi. Si tu *savais* combien je me *plais* à ta compagnie, tu *viendrais* me *voir* plus souvent. Il *aurait fallu* que cet élève *eût recommencé* son devoir. et qu'il *l'eût fait* avec plus d'application. Si *j'eusse fait* deux pas de plus, je *serais tombé* dans ce précipice. Le meilleur usage que tu *puisses faire* de ton esprit, *c'est* de t'en *méfier*. La journée bien *remplie* par le travail *est* toujours celle qui *paraît* la plus courte. Je *mets* sous mes pieds la faveur que *j'accorde*, et sur mon cœur celle que je *reçois*. Tu *sentirais* mieux les maux d'autrui, si tu *avais été* malheureux. Ne *regarde* pas comme ton ami celui qui *approuve* tout ce que tu *dis*.

10e Exercice (N° 32).

Si je *parviens* à *acquérir* des talents, je ne m'en *vanterai* point, mais je *remercierai* Dieu d'*avoir béni* mes efforts. En *acquérant* une bonne renommée, tu *fais* mieux que si tu *acquérais* une grande fortune. Ce maître *inspire* de la confiance à son élève, parce qu'il *pratique* lui-même ce qu'il lui *conseille*. J'*aurais désiré* que tu *eusses eu* plus de confiance en moi, et que tu te *fusses plus méfié* de toi-même. Tant que je *vivrai*, je me *rappellerai* tes bontés pour moi. Ce n'est pas en *semant* le mal que tu *récolteras* le bien. Le bienfaiteur *grave* son nom dans la main de celui qui *reçoit* le bienfait. L'homme diligent *a* toujours *travaillé* pendant que le paresseux *a dormi*. *Fais* pour ton frère ce que tu *voudrais* qu'il *fît* pour toi.

11e Exercice. (N° 32.)

Copier ces exercices littéralement et les mettre au singulier. Dire, etc. (Page 109.)

Nous *craignons* Dieu, et, après lui, nous *craignons* ceux qui ne le *craignent* pas. Quand vous *dites* du bien de ceux qui *médisent* de vous, quand vous *bénissez* ceux qui vous *maudissent*, vous *faites* ce que *font* les cœurs vraiment généreux. Les vieillards *sont* riches de ce qu'ils *possèdent*, et les jeunes hommes de ce qu'ils *espèrent*. Nous ne *mentons* jamais, parce que nous *connaissons* toute la laideur du mensonge. En *agissant* comme vous le *faites*, vous n'*avez* à craindre aucun reproche. Nous *avons remarqué* que les enfants qui *font* ce qu'ils *veulent*, *font* bientôt ce qu'ils ne *doivent* pas. Si vos amis vous *demandent* des conseils, *donnez*-les-leur avec empressement. Ne *promettez* que ce que vous *pouvez tenir*.

12e Exercice. (N° 32.)

Mieux nous *garderons* les commandements de Dieu, plus nous *serons* contents de nous-mêmes. Si vous *songiez* plus souvent au compte que vous *aurez* à *rendre* de votre vie, vous vous *conduiriez* bien mieux. Malheur aux riches qui *oublient* qu'ils *doivent* aux pauvres une partie de leur fortune. Aussitôt que nous *eûmes reconnu* notre faute, nous nous *hâtâmes* de la *réparer*. Vous vous *épargneriez* bien des regrets si vous *saviez modérer* vos désirs. Ceux qui *ont* beaucoup *souffert compatissent* aux souffrances d'autrui. Nous *partîmes* malgré le mauvais temps, mais nous nous *repentîmes* de notre imprudence. Si vous *voulez faire* quelques progrès dans vos études, il *faut* que vous *soyez* attentifs aux leçons de vos maîtres, et que vous leur *soyez* soumis.

13e Exercice. (N° 33.)

Autrefois nous *employions* beaucoup d'ouvriers, et nous *expédiions* tous les jours ce que nous *faisions fabriquer*. A l'âge où vous *êtes*, vous *devez croître* comme des arbrisseaux qui se *préparent* à *porter* de bons fruits. Les hommes ne *désireraient* rien avec ardeur, s'ils *connaissaient* bien ce qu'ils *désirent*. Nous ne vous *dirons* pas ce que nous *avons fait*, mais nous ne *ferons* rien que nous ne *puissions* vous *dire*. Il faut que vous nous *convainquiez* pour que nous *croyions* que vous *avez raison*. Ceux qui se *croient* savants ne *savent* rien ; ils *ignorent* tout jusqu'à leur ignorance. *Attendez* tout de Dieu, mais *agissez* comme si vous *attendiez* tout de vous-mêmes.

14e Exercice. (N° 32.)

Si chaque année nous nous *corrigions* d'un seul vice, nous *serions* bientôt parfaits. Ne *repoussez* pas les pauvres qui s'*adressent* à vous, bien que nous n'*ayez* rien à leur *donner*. Ceux qui *rendent* le bien pour le mal *ressemblent* aux arbres qui *donnent* du fruit à ceux qui leur *jettent* des pierres. Bien que nos amis nous *eussent offensés*, nous ne *cessâmes* pas de leur faire bon accueil. Si vous *voulez* vous *enrichir*, il faut que vous *payiez* vos dettes. Les enfants n'*emploient* pas bien le temps, parce qu'ils n'en *connaissent* pas le prix. Dès que nous *aurons reçu* ce que nous *attendons*, nous *partirons*. Nous vous en *supplions*, *asseyez*-vous et *veuillez* nous *écouter*. N'*imitez* ni les avares qui *enfouissent* leur or, ni les prodigues qui le *dépensent* follement.

15e Exercice. (N° 32.)

Nous *serions* bien ingrats si nous *murmurions* contre la Providence dont nous *avons reçu* tout ce que nous *avons*. Si vous vous *habituez* de bonne heure au travail, vous vous en *trouverez* bien; car ceux qui ne *font* rien *apprennent* à mal *faire*. Les élèves qui *perdent* leur temps s'en *repentiront* un jour. Les laboureurs paresseux *voudraient* que leurs champs *produisissent* sans culture. Il ne *convient* pas que nous nous *mêlions* des affaires qui ne nous *regardent* pas. Vous *pourrez* tout ce que vous *voudrez*, si vous ne *voulez* que des choses justes. Ceux qui ne *fuient* pas le danger *s'exposent* à y *périr*. Les ambitieux *ont couru*, *courent* et *courront* toujours après les richesses. Nous vous *prévenons* que si vous *fréquentez* les méchants, vous *deviendrez* méchants vous-mêmes.

16e Exercice. (N° 32.)

Nous n'*ignorons* pas que si nous *soulagions* les peines d'autrui, nous *adoucirions* les nôtres. Quels que *soient* les services que vous *rendiez* à des ingrats, ils ne vous en *témoigneront* jamais leur reconnaissance. Plus les avares *amassent* de trésors, plus ils *deviennent* misérables. Nous *haïssons* les enfants qui, *fermant* l'oreille aux sages avis de leur maître, *veulent* se *conduire* selon leurs caprices. Aussitôt que nous *eûmes appris* l'arrivée de nos amis, nous nous *transportâmes* chez eux. *Réjouissez*-vous quand vous *avez remporté* une victoire sur vous-mêmes. Les paresseux *désireraient* bien *manger* les amandes. mais ils ne *voudraient* pas *casser* les noyaux. Ceux qui *parlent* doivent se *mettre* à la portée de ceux qui *écoutent*. Ne *dépensez* pas votre argent avant de l'*avoir gagné*.

17e. Exercice. (N° 32.)

Quand nous *voulons* qu'une chose *soit* secrète, nous ne la *disons* pas. C'est en *travaillant* avec ardeur que vous *obtiendrez* ce que nous vous *avons promis*. Il ne *suffit* pas que les hommes *nettoient* leur corps, il *faut* aussi qu'ils *purifient* leur âme. A la fin du monde, les justes *triompheront* et les pécheurs *gémiront*. Qu'*importe* que nos habits *soient* plus ou moins beaux, pourvu que nous *soyons vêtus* proprement? Si vous *aviez* moins de défauts, vous *parleriez* moins de ceux des autres. Nous *doutons* et nous *douterons* toujours que vous *ayez acquis* honnêtement votre fortune. Il *serait* à *souhaiter* que les riches *secourussent* toujours les pauvres. Quelque *instruits* que vous *soyez*, *sachez* que vous *ignorez* encore bien des choses, et que vous en *ignorerez* toujours.

18e Exercice. (N° 32.)

Il *faudrait* que nous *achevassions* aujourd'hui nos affaires, afin que nous *pussions* partir demain. Vous nous *auriez fait* plaisir, si vous *aviez accepté* notre invitation. Si les hommes *savaient se contenter* de ce qu'ils *ont*, ils *seraient* plus tranquilles. Quand nous *aurons terminé* ce que nous *avons entrepris*, nous vous *raconterons* ce que nous *avons entendu dire*. *Faites* ce que vous *pouvez*, et *confiez*-vous en la bonté de Dieu. Les enfants *disent* ce qu'ils *font*, les vieillards ce qu'ils *ont fait*, et les sots ce qu'ils *veulent faire*. Nous *irions* souvent vous *voir ;* mais nous *savons* que vous n'êtes jamais chez vous. Dès que ces malheureux *eurent entendu prononcer* leur jugement, ils se *livrèrent* au désespoir. Ne *refusez* jamais d'*aider*, selon votre pouvoir, ceux qui *ont* besoin de vous.

19e Exercice. (N° 32.)

Nous vous *aurions écrit* plus tôt, si nous *avions eu* une bonne nouvelle à vous *annoncer*. Vous *avez laissé échapper* des occasions qui ne se *représenteront* jamais. Quand nos amis *vinrent* nous *faire* leurs adieux, nous *étions* nous-mêmes sur notre départ. Vos maîtres *auraient eu* moins de sévérité pour vous, si vous *aviez eu* plus de soumission envers eux. Nous *avions lu* ces ouvrages avant que vous en *eussiez entendu parler*. Il *vaudrait* mieux que vous *projetassiez* moins et que vous *exécutassiez* davantage. Les sages *font* leurs efforts pour *vaincre* leurs passions ; mais ils ne les *vainquent* pas toujours. Les hommes *meurent* comme ils *ont vécu* : donc, si vous *vivez* bien, vous *mourrez* bien. *Parlez* et *agissez* toujours comme si vous *aviez* mille témoins.

20e Exercice. (N° 32.)

Nous n'*aurions* pas *cru* que vous *eussiez écouté* les mauvais conseils de vos camarades, ni que vous *eussiez oublié* nos recommandations. La science que vous *possédez* vous sera utile dans quelque position que vous vous *trouviez ;* mais qu'*importe* que vous *soyez* savants, si vous ne *savez* pas vous *conduire?* Les libertins se *résolvent* difficilement à mourir. Les juges *absolvent* quelquefois des coupables en *voyant* leur repentir. Il *faut* que nous *allions* où notre devoir nous *appelle*, et que nous *songions* à *réparer* nos fautes. Les fidèles *bénits* et *absous* par les prêtres ne sont pas toujours *bénis* et *absous* de Dieu. Nous *voudrions* que vous *accueillissiez* avec bonté les malheureux, et que vous leur *offrissiez* des secours. *Voulez*-vous savoir comment il *faut* que vous *donniez?* *mettez*-vous à la place de ceux qui *reçoivent*.

EXERCICES SUR LE PARTICIPE.

1er EXERCICE. (Nos 3-4.)

Faire accorder les adjectifs verbaux.

Mes amis, il ne suffit pas que vous soyez *obligeant*, il faut encore que vous soyez *complaisant*. J'éprouve une joie *ravissant* quand je vois des troupeaux *bondissant* sur l'herbe, et des bergères *dansant* sur la verdure. On n'aime pas les personnes *contrariant*. Il est rare de trouver des hommes *méprisant* les richesses. La chasse et la pêche offrent des plaisirs *attrayant*. Les reptiles sont des animaux *rampant*. Les enfants *aimant* leurs parents, et *respectant* leurs maîtres, remplissent toujours bien leurs devoirs. Les hommes *existant* en société sont *dépendant* les uns des autres. Les gens *entreprenant* ne sont pas toujours assez *persévérant*, ni même assez prévoyant.

2e EXERCICE. (Nos 3-4.)

Les avares, *comptant* leurs écus, ne songent pas à soulager les malheureux. Les hommes trop *confiant* sont souvent dupes. Les gens *prévoyant* songent souvent à l'avenir. On n'aime pas à entendre les chiens *hurlant* dans les ténèbres. Nous avons porté des secours à des malheureux *poussant* des cris *déchirant* Les pauvres timides et honteux, ne *demandant* jamais, méritent mieux notre pitié que ceux que l'on voit toujours *tendant* la main. Voilà des enfants bien *caressant;* on les voit toujours *caressant* leur mère. Les caractères *inconstant* sont comme des girouettes *tournant* au gré des vents. Le soleil, *dardant* ses rayons *brûlant* sur la terre, mûrit les moissons *verdoyant*.

3e Exercice. (N° 6.)

Faire accorder les participes.

Cent années *passé* dans l'oisiveté ne valent pas une heure bien *employé*. Peu de richesses *ménagé* avec soin valent mieux que de grands trésors mal *employé*. C'est dans le Ciel que l'infirmité est *guéri*, que l'affliction est *consolé*, que l'ignorance est *instruit*. Les talents et la sagesse seront *estimé* dans tous les temps. Il est rare que la curiosité ne soit pas *accompagné* de l'indiscrétion. Il y a des sottises bien *habillé* comme il y a des sots bien *vêtu*. Des bienfaits *reproché* sont des bienfaits *perdu*. De grandes fortunes ont été *acquis* et *renversé* en peu de temps. Les hommes *instruit* sont plus *considéré* que les ignorants. Les trônes sont *affermi* par le courage et *ébranlé* par la lâcheté.

4e Exercice. (N° 6.)

Les bonnes nouvelles sont toujours bien *accueilli*. Au printemps les arbres sont *couvert* de fleurs. La vertu obscure est souvent *méprisé*. Une faute *avoué* est à moitié *pardonné*. Les maux *passé* sont facilement *oublié*. Une conscience *chargé* de remords est un lourd fardeau. Les belles actions *caché* sont les plus estimables. *Animé* du désir de devenir meilleures, les personnes bien *né* se corrigent facilement de leurs défauts. La politesse a toujours été *regardé* comme le charme de la société. Les méchants ont bien de la peine à demeurer *uni*. La lettre qui nous a été *envoyé* a été mal *adressé*. Les corps célestes étaient *regardé* par les anciens comme des divinités. L'autorité qui n'est pas *respecté* est bientôt *méconnu*.

5e Exercice. (N° 7.)

Dieu nous tiendra compte des sacrifices que nous aurons *fait* pour lui plaire. Dans tous les temps les hommes ont *méprisé* le vice et *admiré* la vertu. Les projets des méchants ont toujours *échoué*. Tous les talents *réunis* n'ont jamais *valu* une vertu. Vous avez *oublié* les services qu'on vous a *rendu*. Il faut exécuter les bonnes résolutions que l'on a *pris*. Les hommes ont rarement *bâti* et *semé* pour eux seuls. Les meilleures harangues sont celles que le cœur a *dicté*. Napoléon Ier a *gagné* presque toutes les batailles qu'il a *livré*. Ces élèves ont *répondu* à toutes les questions qu'on leur a *adressé ;* ils n'ont pas encore *lu* les livres qu'on leur a *donné ;* mais ils ont *étudié* les règles qu'on leur a *montré*.

6e Exercice. (No 7.)

Enfants, n'oubliez jamais que vos parents vous ont *élevé* et vous ont *nourri*. Les remords ont toujours *poursuivi* ceux qui ont *commis* le crime, et les ont *rendu* malheureux. Les leçons que nous avons *appris* et les devoirs que nous avons *fait* nous ont *rendu* savants. Nous aurions *réussi* dans notre entreprise, si nous avions *reçu* la somme qu'on nous avait *promis*. Les connaissances que j'ai *acquis* valent mieux que les trésors que tu as *amassé*. Vous ignorez les maux que nous avons *souffert;* nous avons *éprouvé* des revers qui nous ont *ruiné*. Les quelques heures que j'ai *dormi* ont *suffi* pour me délasser. Ces maisons ne valent pas les sommes qu'elles ont *coûté;* les propriétaires les ont *vendu* à perte.

7e Exercice. (No 8.)

Les Français se sont *rendu* célèbres par les victoires qu'ils ont *remporté*. Soixante et douze rois se sont *succédé* sur le trône de France. Ces orateurs ont *parlé*, et les cœurs se sont *attendri*. Nos deux sœurs se sont *parlé* quand elles se sont *rencontré*. Des libertins, s'étant *livré* au désespoir, se sont *donné* la mort. Souvent les hommes se sont *vendu* les services qu'ils se sont *rendu*. Des ennemis qui se sont *vaincu* mutuellement se sont toujours *craint* et *respecté*. Nos amis se sont *écrit* plusieurs fois. Nous nous sommes *imposé* l'obligation de dire toujours la vérité. Que de jeunes gens se sont *repenti d'avoir perdu* leur temps ! Combien d'autres se sont *ruiné* la santé pour s'être *livré* à leurs mauvaises passions !

8e EXERCICE. (N° 8.)

Nos soldats se sont *couvert* de lauriers immortels. Plusieurs personnes se sont *nui* par leur imprudence. Nous nous serions *épargné* bien des peines si nous avions *suivi* vos conseils. Des prisonnier se sont *échappé*, et se sont *caché* dans la forêt. Ces jeunes personnes se sont *plu*, aussitôt qu'elles se sont *vu*. Les hommes se sont *bâti* des villes, et se sont *fait* des habitations commodes. Cette ville s'est *rendu* florissante par son commerce. Ces dames se sont *salué ;* elles se sont *assis* après s'être *adressé* les compliments d'usage. La justice s'est *emparé* des voleurs qui se sont *introduit* chez vous ; elle connaît les fourberies qu'ils se sont *permis* et celles dont ils se sont *abstenu*.

9e EXERCICE. (Récapitulation.)

On augmente ses forces en les *exerçant*. Les jeunes gens sont trop *confiant*, et les vieillards trop *défiant*. On aime à voir les riches *obligeant* les malheureux. La fermeté *uni* à la douceur est une barre de fer *entouré* de velours. C'est à l'ombre de la paix que les arts sont *né*, ont *prospéré* et se sont *perfectionné*. Les conseils que je vous ai *donné* sont *approuvé* de tout le monde. Nous serons *récompensé* des bonnes œuvres que nous aurons *fait*. Les hommes passent comme les fleurs qui, *épanoui* le matin, le soir sont *flétri* et *foulé* aux pieds. Les coupables ont été *conduit* en prison, et y ont *langui* pendant plusieurs années. Les concurrents se sont souvent *déplu*. De tout temps les sages se sont *servi* des fous.

10ᵉ EXERCICE. (Récapitulation.)

Les jeunes gens *étudiant* avec ardeur font des progrès *surprenant*. On cache difficilement sa pensée aux esprits *pénétrant*. Ce n'est point en *insultant* son prochain qu'on pratique la charité. Les belles choses ont besoin d'être bien *écrit*, comme les pierres précieuses d'être bien *enchâssé*. A la fin de la journée, nos yeux *appesanti* ne peuvent plus s'ouvrir, et nos membres *fatigué* demandent du repos. La discorde a toujours *régné* dans l'univers. Le baptême nous a *rendu* enfants de Dieu. Nos élèves se sont *montré* les prix qu'il ont *reçu*. Ces deux hommes se sont *battu* et se sont *dit* des injures. Les marchandises qui nous ont été *expédié* sont *avarié*. Nous sommes vivement *blessé* quand un ami nous a *trompé*.

EXERCICES SUR L'ADVERBE.

1er Exercice. (N° 2.)

Former des adverbes avec les adjectifs suivants :

Agréable, abondant, ancien, amical, antérieur, attentif, bon, bruyant, certain, clair, charitable, chaud, civil, courageux, constant, craintif, cruel, délicat, doux, dur, égal, efficace, énergique, éminent, étroit, exact, faible, faux, fidèle, fort, gai, gracieux, grossier, habile, hardi, heureux, horizontal, infini, imprudent, insolent, léger, libre, lent, légitime, misérable, large, naïf, noble, pieux, premier, précieux, puissant, profond, positif, perpendiculaire, minutieux, mutuel, rapide, rigoureux, savant, sec, fin, séparé, sévère, subit, soigneux, solidaire, subtil, solennel, tardif, timide, véritable, violent, brutal, ardent, impétueux, bénin, paisible.

2e Exercice. (N° 2.)

Médiocre, merveilleux, postérieur, miraculeux, conséquent, modeste, précédent, intelligible, respectueux, raisonnable, actif, libéral, matériel, rare, curieux, mortel, nécessaire, honteux, pontifical, mystérieux, indépendant, douloureux, récent, intégral, clandestin, indigne, personnel, supérieur, inférieur, simple, furieux, vigilant, obscur, confidentiel, nonchalant, malin, fréquent, héroïque, présent, parfait, complaisant, élégant, sain, difficile, mûr, annuel, immodéré, différent, invisible, affreux, galant, complet, inviolable, accidentel, régulier, harmonieux, brillant, magnifique, solide, intérieur, réciproque, somptueux, opiniâtre.

3e Exercice.

Remplacer les adverbes suivants par les adjectifs dont ils sont formés.

Actuellement, assidûment, aisément, affectueusement, commodément, confusément, continuellement, décemment, dernièrement, diligemment, extérieurement, exclusivement, étonnamment, fermement, franchement, froidement, généreusement, gentiment, grandement, honnêtement, laborieusement, hautement, fraîchement, lâchement, lisiblement, longuement, loyalement, lourdement, méchamment, modérément, malheureusement, publiquement, promptement, pesamment, positivement, sincèrement, secondement, sérieusement, suffisamment, tranquillement, vraiment, vivement, vieillement, mollement, généralement.

4e Exercice.

Avantageusement, définitivement, négligemment, proportionnellement, sourdement, distributivement, distinctement, étourdiment, surabondamment, innocemment, divinement, discrètement, joyeusement, gloutonnement, affirmativement, nouvellement, correctement, pleinement, adroitement, conformément, audacieusement, bravement, éloquemment, humainement, pacifiquement, comparativement, évidemment, naturellement, fièrement, excellemment, nullement, petitement, essentiellement, principalement, pareillement, absolument, lucrativement, ingénument, fixement, fortuitement, superficiellement, follement.

5e Exercice.

Remplacer chaque adverbe par un nom équivalent, précédé de la préposition avec.

Il faut délibérer lentement, mais il faut exécuter promptement. On doit toujours agir prudemment. L'homme courageux parle franchement et hardiment. Le vainqueur marche fièrement. Tous les domestiques ne servent pas leurs maîtres fidèlement. On ne saurait parler de soi trop modestement. Le temps passe rapidement. Un bon prince gouverne sagement. Les héros combattent vaillamment. Ces guerriers se sont conduits bravement. Tous les hommes ne parlent pas éloquemment. Pour conserver sa santé, il faut vivre sobrement. La sentinelle qui abandonne son poste, se conduit lâchement. Les enfants aiment à s'amuser bruyamment.

6e Exercice:

Le sage remplit ses devoirs régulièrement et ponctuellement. L'enfant bien élevé écoute attentivement et répond honnêtement. L'avare ne dort jamais paisiblement. Les petits-maîtres sont vêtus élégamment. Un juge doit parler gravement. Ce qui est inutile se vend difficilement. Dans les pays chauds le vent souffle violemment. Notre armée attaqua l'ennemi vivement et le vainquit valeureusement. On se repent souvent d'avoir agi précipitamment. Celui qui mange excessivement ne travaille pas aisément. Usons modérément des biens que nous possédons, et n'entreprenons jamais rien témérairement. Le soleil se lève majestueusement.

7e Exercice.

Remplacer la préposition avec *et le nom qui la suit par un adverbe équivalent.*

Le bon chrétien souffre avec patience les maux que Dieu lui envoie. Celui qui a appris à obéir commande avec sûreté. Les malfaiteurs doivent être punis avec rigueur. Ceux qui ont été esclaves jouissent avec délices des douceurs de la liberté. Un bon élève parle toujours avec respect à son maître. Cette fontaine fournit de l'eau avec abondance. Il y a des personnes qui aiment les fleurs avec passion. Il n'appartient qu'aux gens grossiers de répondre avec insolence. On meurt avec gloire quand on a combattu avec courage. Les orgueilleux commandent avec arrogance, Les pauvres honteux demandent avec crainte, et reçoivent avec joie.

8e Exercice.

Une bonne habitude se contracte avec autant de facilité qu'une mauvaise. On se venge avec noblesse quand on pardonne avec générosité. L'exilé songe avec amour à son pays natal. Les enfants qui ont été élevés avec trop de mollesse ne sont pas robustes. Un pécheur converti se rappelle avec douleur ses fautes passées. Celui qui dépense tout ce qu'il gagne, agit avec imprudence. C'est en étudiant avec constance et avec méthode qu'on devient savant. On doit punir avec sévérité l'enfant qui soutient un mensonge. Demandons avec humilité les bénédictions du Ciel, évitons avec soin le péché, et observons avec exactitude les commandements.

9e Exercice.

Remplacer chaque tiret par l'adverbe qui convient au sens de la phrase.

Les grands esprits disent — de choses en — de mots. Il vaut — souffrir le mal que de le faire. Un jugement — prompt est — sans justice. Un bienfait n'est — perdu. Les hommes doivent s'aider —. Celui qui achète le superflu vendra — le nécessaire. On croyait — que la terre était immobile. La raison du — fort est — la meilleure. Avouer ses torts c'est montrer qu'on est — sage — qu' —. Obliger de bonne grace, c'est obliger —. L'eau qui tombe — parvient à creuser la pierre. Les forces de l'âme s'épuisent — comme les forces du corps. — on paye — le soir les folies du matin. On écoute — celui qui parle —. Une presqu'île est — une île.

10e Exercice.

L'homme est incertain dans ses résolutions; — il veut une chose, — il en veut une autre. C'est un grand talent de savoir — répondre —. La terre est — fertile pour nourrir tous les hommes. L'or vaut — que les diamants; les diamants valent — que la vertu. Les passions les plus violentes nous laissent — du repos; mais la vanité nous tourmente —. De Lyon à Paris, on compte — cent lieues. L'eau désaltère — les hommes, mais — les campagnes arides. La Saône n'est — — rapide que le Rhône. Le mal vient — et s'en va —. La mort est un tribut qu'il faut payer — à la nature. — il faut éviter le mal, — il faut faire le bien.

A la religion soyez — fidèle,
On ne sera — honnête homme sans elle.

EXERCICES SUR LA PRÉPOSITION.

1er Exercice.

Remplacer chaque tiret par la préposition qui convient au sens de la phrase.

La Providence veille — toutes les créatures. L'ennui est entré — le monde — la paresse.

Les désirs augmentent — les richesses. Ce qu'on fait — soi est toujours difficile. — rendant le mal — le mal, on imite ce que l'on condamne. Les talents produisent — la culture. On doit s'attacher — ses devoirs — la plus tendre enfance. Il vaut mieux se coucher — souper que — se réveiller — des dettes. L'orgueilleux court — les honneurs. La campagne est triste — l'hiver. La terre tourne — du soleil, et la lune tourne — la terre. Dieu punira celui qui n'aura pas été juste — son frère. Portons souvent nos regards — le Ciel.

2e Exercice.

L'accomplissement des devoirs se lit — le visage. Vivre — des criminels, c'est s'exposer à mourir — eux. On reçoit un homme — l'habit qu'il porte; on le reconduit — le mérite qu'il a montré. Celui qui troque l'honneur — un trésor perd au change. L'enfant aime sa mère — savoir qu'il le doit. L'instruction ne s'acquiert pas — efforts. Le monde existe — plus — cinq mille ans. C'est — le doute qu'on arrive — la vérité. L'ennui marche — le bonheur. Notre réputation dépend — nos actions. La santé se conserve — la tempérance. Soyez respectueux — vos supérieurs, et bon — vos inférieurs. Ne courez jamais — du danger.

3e Exercice.

L'homme est placé libre — le vice et la vertu.

Un pas — du devoir peut nous mener bien loin. On dort mieux — le chaume que — un palais. Une armée — chef est un corps — âme. Un grand cœur aime — lutter — la mauvaise fortune. La conscience nous avertit — amie, — nous punir en juge. Une vertu — le cœur d'un enfant est un diamant — son front. L'adresse triomphe toujours — la force. L'homme espère — — la mort. — les ailes du temps la tristesse s'envole. Les animaux marchent les yeux fixés — la terre. On ne peut que gagner — bonne compagnie. L'infortuné est soutenu — l'espérance. — le crime vient le remords.

4e Exercice.

On augmente son bonheur — le partageant — un ami. L'indulgence — le vice est une conspiration — la vertu. Il n'y a pas — roses — épines, ni — beaux jours — nuages. Un homme sincère parle et agit — sa pensée. Un père partage également sa tendresse — tous ses enfants. On prévoit les regrets — la faute, mais on n'en connaît l'amertume qu' —. Heureux celui qui n'a fait que — bonnes actions — sa vie. Bien penser et bien dire ne sont rien — bien faire. Le travail est une bonne ressource — l'ennui. L'air est vif — les hautes montagnes. Que — siècles se sont écoulés — la création! Tout passe comme un songe, — la vertu.

5e EXERCICE.

La parfaite valeur est — faire — témoins ce qu'on serait capable — faire — tout le monde. La haine — les méchants ne s'éteint jamais. Le paresseux travaille — lui. L'art est toujours grossier — la nature. L'homme dépend des autres — sa naissance. Saint Louis administrait la justice — ses sujets — un chêne. Il y a des gens qui déplaisent — du mérite, et d'autres qui plaisent — des défauts. L'héroïsme — la bonté est — aimer — — ses ennemis. On se fait aimer — ses bonnes qualités. Chacun sera jugé — ses œuvres. C'est — l'adversité qu'on connaît les vrais amis. Les ballons s'élèvent quelquefois — des nuages. La poule chante — avoir pondu.

6e EXERCICE.

La plupart des hommes courent — une ombre trompeuse et laissent — eux le vrai bonheur, — le connaître. Le soleil luit — tout le monde. La pauvreté marche — les pas — la paresse. La reconnaissance — nos bienfaiteurs est une dette sacrée. La mémoire s'augmente — l'exercice. On ne devient pas savant — travail. La violette se cache — l'herbe. L'aimant se tourne — le nord. Le ver-à-soie se change — papillon. Le printemps succède — l'hiver. Les étoiles brillent — la nuit. Quand on a travaillé — le matin — au soir, on a besoin — repos. Il faut être plus réservé — les autres que — soi. Craignez de tomber — les mains des méchants; n'ayez aucune relation — eux.

7e Exercice.

Avant que Dieu créât le monde, rien n'existait — Dieu. Un frère est un ami donné — la nature. L'envieux n'ouvre la bouche que — médire. — la bonne conduite et le travail, on réussit — ses ennemis. Les personnes vaines n'aiment pas — être placées — les autres. Il faut que chacun se conduise selon — âge. Les méchants ne peuvent penser — la mort — frémir. La religion console l'homme — le malheur. Il vaut mieux rougir — les hommes que — blesser sa conscience — Dieu. Celui qui est tempérant mange — vivre, et ne vit pas — manger. — avoir le véritable repos, il faut être — paix — Dieu, — le prochain et — soi-même.

8e Exercice.

La vertu — la pauvreté vaut mieux que la fortune — la sagesse. Un chrétien doit prier — son lever et — son coucher. C'est — le bonheur que tendent tous les désirs — l'homme. Rien n'est plus affreux que l'ingratitude — les parents. L'oisiveté entraîne — elle tous les vices. L'esprit — jugement est dangereux. Le méchant a tout le monde — lui. Le temps semble fuir — nos plaisirs, et s'arrêter — nos peines. La terre est fécondée — le soleil. Les laquais vont — leur maître. Le courrier n'a pu partir aujourd'hui, — le mauvais temps. — le combat, plusieurs officiers furent trouvés — les morts. Quand vous marchez, regardez toujours — vous.

9e Exercice.

Rien n'arrive, — ce monde, — la permission — Dieu. Agir — avoir réfléchi, c'est se mettre — voyage — avoir fait de préparatifs. La concorde et l'amitié doivent régner — des frères. — la sécheresse, la pluie réjouit le cultivateur. Chaque instant nous avance — un pas — le tombeau. Pendant qu'on est — la prospérité, il faut se préparer — l'adversité. La terre multiplie ses dons — le nombre — ses enfants. — un ciel ardent, la nature est toujours féconde. On juge — un homme — ses actions, comme on juge — un arbre — ses fruits. Celui qui fait l'aumône place son argent — le Ciel. — quelque temps l'or circule — abondance.

10e Exercice.

Le capitaine marche — les soldats et — le général. Les plaisirs sont des fleurs semées — les ronces — la vie. Notre sort éternel est — nos mains. Celui qui s'arrête — le chemin — la vertu, a déjà reculé — s'en apercevoir. La meilleure assurance — les terreurs la mort, c'est — conserver son âme — la grâce de Dieu. —

nous vengeant — une offense, nous nous mettons — celui qui s'est rendu coupable — nous. — des livres et du goût — l'étude on passe le temps agréablement. Les richesses ne sont désirables qu'— l'honneur et la santé. Il y a remède — tout — ce monde, — — la mort. La France s'étend, — l'Est — l'Ouest, — le Rhin — — l'Océan.

EXERCICES SUR LA CONJONCTION.

1er Exercice.

Remplacer chaque tiret par la conjonction qui convient au sens de la phrase.

L'oisiveté étouffe les talents — engendre les vices. Bonne renommée vaut mieux — ceinture dorée. On éprouve un douce joie — on a rendu service à quelqu'un. Celui qui est laborieux deviendra riche — savant. Ne jugeons promptement de personne — en bien — en mal. — la vie soit courte, elle est assez longue pour bien vivre. La vanité des autres nous paraît insupportable — elle blesse la nôtre. Nous oublions aisément nos fautes — elles ne sont sues que de nous. Il en est des flatteurs — des serpents, ils rampent pour s'élever. Il faut battre le fer — il est chaud. Je vous assure — vous réussiriez — vous en preniez les moyens.

2e Exercice.

Un sot se croit toujours plus fin — les autres. Ce ne sont point les grandeurs — les richesses qui rendent heureux, — une conscience pure — des désirs bornés. L'homme commence à souffrir — il commence à vivre. Il y a bien des gens qu'on estime — on ne les connaît pas. Il suffit de contredire les orgueilleux — ils se fâchent. Un trésor amène des soucis — il augmente. L'ambition est louable — la raison — la justice la dirigent. Un bon roi aime ses sujets — ses enfants. Les malheureux sont nos frères ; nous devons — les assister. Les diamants ont leur prix, — les bons conseils n'en ont pas. Ayons toujours l'esprit égal, — dans l'adversité, — dans la prospérité.

3e Exercice.

La bonté est presque un vice, — elle dégénère en faiblesse. La loi, — la mort, doit n'épargner personne. — tout change — périt, la nature reste immuable — impérissable. La justice de Dieu est infinie — sa miséricorde. C'est — nous donnions — le Seigneur nous donne. On recherche les richesses, — on voit peu de riches heureux. — les plumes du geai, le masque de la vertu tombe bientôt. Il est plus beau de se vaincre soi-même — de vaincre ses ennemis. — il travaille, — il se repose, le sage est toujours content. L'argent est un bon serviteur, — un mauvais maître. Les années se succèdent — les flots. Cette personne est loyale ; — comptez sur sa parole.

4e Exercice.

Les sociétés que nous fréquentons contribuent à nous rendre justes — injustes, honnêtes — dépravés. Les lois se multiplient — les mœurs se dépravent. Plus il y a d'hommes dans un pays, plus ils jouissent de l'abondance, — ils soient laborieux. Rien n'éblouit les grandes âmes, — rien n'est plus grand — elles. Comment ne pas tenir à l'espérance, — espérer c'est être heureux ? On ne fait jamais — tout ce — on peut, — tout ce — on veut. Le sage remarque les défauts d'autrui, — il n'en parle jamais. — la patience se joint à la persévérance, elle devient un gage de succès. Il faut aimer ce qui est aimable ; — la vertu est aimable, — il faut aimer la vertu.

5e Exercice.

L'honneur est mal gardé, — la religion n'est pas aux avant-postes. Dieu accorde le sommeil aux méchants, — les bons soient tranquilles. — on sache la passion dominante de quelqu'un, on est assuré de lui plaire. La réflexion augmente les forces de l'esprit, — l'exercice, celles du corps. L'enfant éprouve un plus vif désir de savoir, — il grandit. On veut toujours son bien, — on ne le voit pas toujours. Les monarques sont sujets aux peines — aux afflictions — leurs sujets. — le coupable s'agite, l'innocent dort en paix. L'ennui est produit — par l'ignorance, — par l'oisiveté. Le malheureux est une personne sacrée, il faut — le respecter.

6e Exercice.

Le travail — l'économie nous enrichissent. L'ignorant ne peut parler — on aperçoive son ignorance. La guerre a ses avantages — ses disgrâces. Le vin est une liqueur bienfaisante, — il ne faut pas en abuser. La prospérité, — l'infortune, éprouve la vertu. L'enfance est heureuse — elle ne pense — au présent. On n'est pas bien — on veut être mieux. Le bonheur semble fuir — on le cherche. Le prodigue répand l'or — le fumier, — l'avare ramasse le fumier — l'or. — on s'appuie sur la vertu, on ne craint point les attaques du vice. La mort ne distingue — les âges, — les rangs, — la fortune, — la pauvreté; elle arrive — on y pense.

7e Exercice.

Dieu nous a donné la raison, — elle dirige notre conduite. Nous ne pouvons être riches dans le Ciel, — nous ne soyons riches en vertus sur la terre. L'envie sent le prix du mérite, — elle s'efforce de l'avilir. La résignation naît — l'espérance meurt. Il manque bien des choses à l'indigence, — tout manque à l'avarice. — personne n'avait le superflu, tout le monde aurait le nécessaire. L'homme est condamné au travail; il faut — fuir l'oisiveté. La loi est la même pour tous, — elle protége, — elle punisse. Conduisons-nous — tous les braves gens nous estiment. Ne sortez pas — que j'aie besoin de vous. Sauvez-vous, — vous ne soyez trahi.

8e Exercice.

La religion, — la raison, nous recommande de faire le bien — de fuir le mal. Il est plus doux de rendre des services — d'en recevoir. Le mérite des hommes a sa saison, — les fruits. — vous ayez droit, évitez — les procès, — cela vous est possible. Le flatteur — le trompeur sont également à craindre. — le Ciel soit juste, il permet souvent — l'iniquité règne — triomphe. Etre sobre n'est pas une grande vertu, — c'est un grand défaut de ne l'être pas. Soyons fidèles à nos devoirs, — craignons la vengeance divine. Travaillez — vous voulez acquérir des talents ; — le temps s'enfuit rapidement, — persuadez-vous bien — il ne revient plus.

9e Exercice.

On doit aimer son père — sa mère, — Dieu l'ordonne. Il ne convient à personne de se glorifier — d'avoir honte de sa naissance. Il serait impossible — il existât une société, — les hommes n'étaient pas régis par les lois Je doute — l'on puisse être heureux, — on a quelques fautes à se reprocher. Il en est de la beauté — des fleurs qui brillent le matin, — le soir sont flétries. La patience s'affaiblit — celui qui souffre. Le lion n'attaque jamais l'homme — il ne soit provoqué, — — il ne soit pressé par la faim. Le chameau est d'une grande utilité, — en Asie, — en Afrique. La raison égare quelquefois les hommes, — l'instinct trompe rarement les animaux.

10e Exercice.

Saint Jean-Baptiste, sans avoir fait aucun miracle, est — honoré — le plus grand des saints. Cicéron, — grand philosophe, n'était — pas ennemi des louanges. — la vertu rend heureux, — tous les hommes ne sont-ils pas vertueux? — en bien, — en mal, la prudence nous défend de juger sur l'apparence. Il est difficile de toujours tromper quelqu'un — il s'en aperçoive. Tout vice est odieux; — le mensonge est un vice, — le mensonge est odieux. — importe au sage de mourir aujourd'hui — demain, — il meure de la mort des justes? — le roi Salomon, ne demandons à Dieu — grandeurs — richesses; — pour nous bien gouverner, demandons-lui la sagesse.

L'honneur est — une île escarpée — sans bords;
On n'y peut plus rentrer — on en est dehors.

EXERCICE SUR L'INTERJECTION.

Souligner les interjections, et dire ce qu'elles expriment.

Ah! que je suis heureux de pouvoir vous obliger! Oh! quel magnifique spectacle que le firmament! Hélas! sans la santé, que m'importe un royaume! Hé! messieurs, pressez-vous, nous allons partir! Fi! que c'est mal de médire de ses amis! Silence! mes enfants, écoutez mes observations! Allons! que rien ne nous retienne! Ouf! je n'en puis plus, secourez-moi! Chut! taisez-vous, et n'avancez pas encore! Courage! mes amis, nos efforts ne seront pas perdus! Bon! nous voilà hors de tout danger! Hem! messieurs, pourquoi ne m'attendez-vous pas? Fi donc! comment osez-vous mentir ainsi? Juste Ciel! qu'allons-nous devenir sans soutien! Grand Dieu! que je souffre aujourd'hui!

Ah! que le monde est trompeur,
Oh! que ses plaisirs sont séduisants;
Hélas! il promet le bonheur,
Et ne procure que des tourments.

PHRASES A CONJUGUER.

Avouer ses fautes et s'en repentir.
Tenir à ses droits et les soutenir.
Savoir ses leçons et les comprendre.
Rédiger un mémoire et le souscrire.
Acheter des livres et ne pas les lire.
Ecrire vite, mais ne pas bien peindre.
Etiqueter des ballots et les expédier.
Craindre les médisants et les fuir.
Vêtir des orphelins et les instruire.
Se coucher tard et se lever matin.
Bonifier ses denrées et s'en défaire.
Découdre ses vêtements et les teindre.
Reconnaître ses torts et en convenir.
Assaillir ses ennemis et les vaincre.
Traduire un ouvrage et le transcrire.
Aller à la promenade et s'y ennuyer.
Souffrir beaucoup et ne pas se plaindre.
Secourir les infortunés et ne pas le dire.
Absoudre les coupables et les renvoyer.
Se réjouir du bien et s'affliger du mal.
Rompre ses chaînes et ne pas s'enfuir.
Vouloir se corriger et ne pas le pouvoir.
Se méfier des flatteurs et s'en éloigner.
Examiner une question et la résoudre.
Conclure un marché et ne pas se dédire.
Concevoir un projet et ne pas l'exécuter.

Prier Dieu et mettre sa confiance en lui.
Feindre d'être malade et vite s'en aller.
Rejoindre ses amis et ne pas les suivre.
Entendre du bruit et ne pas s'en effrayer.
S'abstenir de mentir et ne jamais médire.
Poursuivre les rebelles et les atteindre.
Cueillir des fleurs et les offrir à sa mère.
Se sentir fatigué et s'asseoir un instant.
Ne pas boire beaucoup et s'en bien trouver.
Solliciter une faveur et ne pas l'obtenir.
Bien servir ses maîtres et les satisfaire.
Humilier les orgueilleux et les confondre.
Percevoir ses rentes et pourvoir sa maison.
Payer ses créanciers et en exiger un acquit.
Obéir à ses parents et ne pas leur déplaire.
Acquérir des talents et ne pas s'en prévaloir.
Défendre sa patrie et lui sacrifier son repos.
Faire un retour sur soi-même et s'endormir.
Essuyer un échec et ne pas perdre courage.
Ne pas sortir de chez soi et y vivre tranquille.
Confire des fruits et ne les confier à personne.
Diminuer ses dépenses et augmenter sa fortune.
Ne pas croire les calomniateurs et les contredire.
Voir les défauts d'autrui et ne pas apercevoir les siens.

SECONDE PARTIE.

EXERCICES SUR LES REMARQUES QUI ONT RAPPORT AU NOM.

1er Exercice (N° 1).

Supprimer, dans chaque phrase, les mots en italique qui ne sont pas corrects.

L'amour de la patrie est *naturel* ou *naturelle* à tous les hommes. *Quels* ou *quelles* délices peut-on comparer à *ceux* ou à *celles* que cause une bonne action? La cathédrale de Strasbourg a *un* ou *une* très-*bel* ou *belle* orgue. Le chant des oiseaux fait *un* ou *une* de mes délices. On ne connaît pas l'inventeur des *premiers* ou *premières* orgues. Des amours *insensés* ou *insensées* conduisent les jeunes gens à leur perte. *Un grand* ou *une grande* amour de Dieu détruit les amours profanes et *criminels* ou *criminelles*. Les plaisirs de ce monde sont entourés de délices *trompeurs* ou *trompeuses*. C'est en Allemagne qu'on trouve les plus *beaux* ou *belles* orgues; il y en a *un somptueux* ou *une somptueuse* à Fribourg.

2e Exercice (N° 2).

Les enfants qui sont *soumis* ou *soumises* à leurs parents sont *bénis* ou *bénies* de Dieu. Mes neveux sont des enfants *sérieux* ou *sérieuses*; mais mes nièces sont des enfants *étourdis* ou *étourdies*. Adolphe est un *bel* ou une *belle* enfant; mais Louise est *un* plus *bel* ou *une* plus *belle* enfant encore. Il est quelquefois utile de résister aux larmes d'*un* ou d'*une* enfant. Les enfants *studieux* ou *studieuses* sont *aimés* ou *aimées* de leurs maîtres. Le fils de votre tante est *un* ou *une* enfant très-*spirituel* ou *spirituelle*. La fille aînée de votre frère est *un* un *une* enfant bien *élevé* ou *élevée*. L'orpheline est *un* ou *une* enfant *intéressant* ou *intéressante*. Votre filleul est *un charmant* ou *une charmante* enfant; sa sœur est aussi *un bien bon* ou *une bien bonne* enfant.

3e Exercice (N° 3).

Il y a beaucoup de gens *spirituels* ou *spirituelles;* mais il y a peu de gens *sensés* ou *sensées*. *Tous les vieux* ou *toutes les vieilles* gens aiment la tranquillité. Les gens *éclairés* ou *éclairées* sont accessibles à la raison. *Tous* ou *toutes* les braves gens sont *estimés* ou *estimées*. Vos parents sont les *meilleurs* ou *meilleures* gens qu'on puisse voir. *Tous* ou *toutes* les honnêtes gens sont *indignés* ou *indignées* de votre manière d'agir. *Instruits* ou *instruites* par l'expérience, les gens *âgés* ou *âgées* sont *soupçonneux* ou *soupçonneuses*. Il y a dans le monde beaucoup de *sots* ou de *sottes* gens. *Certains* ou *certaines* gens passent leur vie comme des animaux. *Quels mauvais* ou *quelles mauvaises* gens que les avares! *ils* ou *elles* sont méprisables.

4ᵉ Exercice (N° 4).

Une personne vraiment *vertueux* ou *vertueuse* n'est pas *médisant* ou *médisante*. Il faut éviter les relations avec les personnes *fiers* ou *fières*. Personne n'est parfaitement *heureux* ou *heureuse* en ce monde. Il y a des personnes qui, malgré leur pauvreté, sont toujours *contents* ou *contentes*. Personne n'est aussi *satisfait* ou *satisfaite* que cette dame. Les personnes d'esprit admirent peu; *ils* ou *elles* approuvent. La personne dont vous parlez est très-*instruit* ou *instruite*. Personne n'est plus *faux* ou *fausse* que votre sœur. Personne n'est *content* ou *contente* de son sort. La personne que j'attendais hier est *arrivé* ou *arrivée* ce matin. Personne ne peut dire combien de temps *il* ou *elle* vivra, ni de quelle mort *il* ou *elle* mourra.

5ᵉ Exercice (N° 5).

Quelque chose que nous disions dans un moment d'emportement, il est bien rare qu'*il* ou qu'*elle* ne nous cause pas de regrets. Je vous pardonne, quelque chose que vous ayez *dit* ou *dite* contre moi. Gardez-vous bien d'avancer quelque chose qui ne puisse être *prouvé* ou *prouvée*.

Votre ami a fait quelque chose qui mérite d'être *blâmé* ou *blâmée*. On m'a dit quelque chose qui est fort *plaisant* ou *plaisante*. Quand vous savez quelque chose qui peut nuire à votre prochain, ne *le* ou *la* dites pas. Quelque chose que vous ayez *perdu* ou *perdue*, nous vous *le* ou *la* rendrons si nous *le* ou *la* trouvons. Quelque chose que j'entreprenne, *il* ou *elle* se termine mal. J'ai résolu quelque chose, devinez-*le* ou *la*.

6e Exercice (N° 7).

Mettre au pluriel les mots en italique qui doivent y être.

Le chapelet se compose d'un *credo*, de six *pater*, de cinquante-trois *ave* et de six *gloria*. Les mauvais écoliers sont accablés de *pensum*; les bons obtiennent des prix et des *accessit*. On exécute, dans les *opéra*, des *solo* et des *duo* admirables. Tous les *alinéa* doivent commencer par une lettre majuscule. Souvent un petit volume vaut mieux que de gros *in-folio*. De tous côtés on entendait des *bravo*. Les *agenda* et les *album* sont des livrets dont on ne fait pas le même usage. Voilà des *numéro* qui ont plusieurs *zéro*. Il y a dans cette bibliothèque plusieurs *in-quarto*, et beaucoup d'*in-octavo*. Nos victoires ont fait chanter bien des *Te Deum* et des *alleluia*. Récitez chaque jour plusieurs *credo*.

7e EXERCICE (N° 8).

Mettre au pluriel les mots en italique qui doivent y être.

L'Espagne s'honore d'avoir vu naître les deux *Sénèque*. On peut être de grands orateurs sans être des *Bossuet*. Tous les avocats ne sont pas des *Cicéron*. Les *Néron* et les *Dioclétien* furent des empereurs très-cruels. Les *César* et les *Napoléon* seront toujours rares. Les *Corneille* et les *Racine* ont illustré la scène française. Il faut des siècles pour produire des *Raphaël*. Les *Bourdaloue*, les *Massillon*, les *Fléchier* vivaient sous Louis XIV. Ceux qui ont écrit l'histoire de France n'étaient pas des *Tacite*. Les *Duguesclin* et les *Bayard* ont illustré nos armes. Nous avons encore dans nos armées des *Turenne* et des *Condé*. Les *Jean-Bart* et les *Tourville* étaient des marins célèbres. De tous temps il y a eu des *Caïn*.

8e EXERCICE (Nos 10 et 11).

Ecrire les trois exercices suivants au pluriel.

Un aide-major est un chirurgien. Une garde-malade est une servante. Un beau-père est un parent. Une fausse-clef est une clef contrefaite. Une malle-poste est une voiture. Un chien-loup est un chien qui tient du loup. Un cerf-volant est un insecte. Une chauve-souris est un quadrupède. Un chat-huant est un oiseau nocturne. Un ver-luisant est un coléoptère. Un chou-rave est une plante Une reine-marguerite est une fleur. Un laurier-rose est un arbuste. Une courte-pointe est une couverture. Une dame-jeanne est une bouteille. Un coffre-fort est un coffre garni de fer. Une basse-cour est une cour où l'on tient de la volaille. Un martin-sec est une poire.

9e Exercice (Nos 12-13-14).

Un sous-préfet est un fonctionnaire public. Un vice-amiral est un officier de marine. Un porte-drapeau est un militaire. Un contre-ordre est une révocation. Un œil-de-bœuf est une fenêtre ronde. Un bec-de-cane est une serrure à deux boutons. Un avant-toit est un toit en saillie. Une arrière-boutique est une salle. Un pied-d'alouette est une plante. Un ver-à-soie est une chenille. Une non-valeur est une perte. Un savoir-faire est un talent. Un post-scriptum est un écrit. Un pot-au-feu est un mets. Un cul-de-sac est une rue. Un entre-sol est un logement. Un ciel-de-lit est une garniture de lit. Un brise-tout est un enfant qui brise tout ce qui tombe sous sa main.

10e Exercice (No 15).

Un porte-clefs est un valet de prison. Un appuie-main est une baguette. Un hôtel-Dieu est un hôpital. Un blanc-seing est une signature. Un bain-marie est de l'eau chaude. Un terre-plein est un lieu plein de terre. Un coq-à-l'âne est un discours sans suite. Un tête-à-tête est un entre-

Un abat-jour est une espèce de jalousie. Un contre-poison est un remède. Un coupe-gorge est un lieu dangereux. Un réveille-matin est une horloge. Un serre-tête est un bonnet. Un essuie-mains est un linge. Une belle-de-jour est une fleur. Un garde-manger est un meuble. Un char-à-bancs est une voiture. Un casse-noisette est un instrument. Un gagne-petit est un rémouleur.

EXERCICES SUR LES REMARQUES QUI ONT RAPPORT A L'ARTICLE.

1er Exercice (N° 1).

Remplacer chaque tiret par de ou *des*.

La France est traversée par — magnifiques fleuves et — superbes routes. On trouve en Amérique — immenses forêts, — fertiles campagnes, et — hautes montagnes. Il y a — beaux-pères qui valent — véritables pères, comme il y a — belles-mères qui valent — véritables mères. L'intempérance donne — courtes joies et — longs déplaisirs. Souvent — petites causes produisent — grands effets. Voilà — jeunes gens et — jeunes personnes bien élevés. La noblesse doit avoir — nobles sentiments. On voit toujours cet homme avec — beaux-esprits ou — grands seigneurs. Les voyageurs redoutent les voleurs — grands chemins. Un bon chasseur veut avoir — bons chiens.

2e Exercice (No 1).

On voit à Paris — belles maisons et — riches équipages. — petits-maîtres et — petites-maîtresses sont des personnes insupportables dans la société. Celui qui est riche et généreux, reçoit — petits présents d'une main et en fait — grands de l'autre. Le dix-septième siècle est appelé le siècle — grands hommes. Aimez les personnes qui vous donnent — bons conseils et — bons exemples. Ceux qui ont — hautes et — solides pensées font — beaux discours. La conversation — petits enfants est toujours innocente. Les inondations qu'il y a eu en 1856 ont causé — grands désastres. Le roi Crésus possédait — immenses trésors. Nous avons mangé — petits pois et — petits pâtés.

3e Exercice (No 2.)

Remplacer chaque tiret par le, la, *ou* les.

Les arbres — plus élevés sont — plus exposés aux coups de la tempête. Les fourbes sont quelquefois surpris par l'endroit où ils sont — plus habiles. Souvent les objets qui nous sont — plus nécessaires sont ceux qui nous manquent. Les personnes — plus instruites sont d'ordinaire — plus indulgentes à l'égard des ignorants. De toutes les femmes que je connais, votre sœur est

— moins charitable. — plus savants ne sont pas ceux qui ont — plus étudié, mais ceux qui ont — plus appris. C'est en Hollande et en Angleterre que la terre est — mieux cultivée. Ce ne sont pas les épis qui lèvent — plus la tête qui sont — plus pleins. De tous mes enfants, Louise est — plus sage.

4e Exercice (N° 2).

C'est souvent quand nous sommes — plus contents et que nous nous croyons — plus heureux, qu'un malheur nous arrive. Les choses — plus agréables ne sont pas toujours — plus utiles. C'est lorsque les jeunes personnes sont mises simplement qu'elles sont — mieux vêtues. C'est auprès de ses enfants qu'une bonne mère est — plus contente. Les arts du premier besoin ne sont pas — plus considérés. Les eaux — moins rapides sont — moins saines. De toutes vos parentes, votre cousine Adèle est — plus vertueuse. Les hommes — plus instruits ne sont pas ceux qui parlent — plus. C'est le matin que cette fleur est — plus belle et — plus odorante.

5e Exercice (N° 3).

Remplacer chaque tiret par l'article démontratif ces *ou par l'article possessif* ses.

Pour ne pas douter de l'existence de Dieu, regardons — astres qui nous éclairent et — créatures qui nous environnent. L'homme esclave de — passions est à plaindre. Un bon élève fait — devoirs avec soin et apprend parfaitement — leçons. — généraux, — officiers, — soldats ont combattu vaillamment. On doit secourir son prochain dans — besoins, et le consoler dans — peines. — belles prairies, — riches moissons, — arbres chargés de fruits, appartiennent à — deux villageois. La terre ne refuse pas — biens au laboureur qui l'arrose de — sueurs. On salue affectueusement — amis. Que sont devenus — troupeaux qui étaient dans — pâturages?

6e Exercice (No 3).

Dieu a créé de — mains puissantes — innombrables étoiles qui ornent le firmament. Le sage ne s'écarte jamais de — devoirs ; il règle — désirs et — actions sur la loi de Dieu. — messieurs et — dames ont parcouru — charmantes promenades. — fausses nouvelles ont été publiées par — jeunes libertins. Chaque homme a — goûts, chaque pays a — usages, et chaque âge a — plaisirs La poule réchauffe — poussins sous — ailes. — livres, — plumes, — cahiers, appartiennent à — élèves. Un enfant bien élevé obéit toujours à — parents et à — maîtres. Retenez bien — paroles : Qui craint le Seigneur garde — commandements et respecte — ministres.

7e Exercice (Nos 4 et 5).

Corriger les phrases qui ne sont pas correctes.

La vie est un pèlerinage, ses accidents sont

variés. La fortune ressemble au verre; elle a son éclat et sa fragilité. Quand on est dans un pays, il faut suivre son usage. Plus on lit les bons livres, plus on sent leurs beautés. Les sciences ont des racines amères, mais leurs fruits sont doux. La gaîté est la santé de l'âme; la tristesse est son poison. Cette statue est fort belle, sa tête surtout est admirable. Chaque plante a sa forme et ses propriétés. Ces arbres cachent leurs cimes dans les nues. Paris est une belle ville; on admire la beauté de ses monuments. L'auteur d'un bienfait ignore son prix. Le zèle qu'on met au travail diminue sa fatigue.

8e Exercice (Nos 4 et 5).

Avant de bâtir un édifice, il faut faire son plan. La mollesse est douce, mais ses suites sont cruelles. Plus le mal est invétéré, plus sa guérison est difficile. La vie serait bien courte, si l'espérance ne prolongeait sa durée. Ces arbres sont bien exposés, néanmoins leurs fruits ne sont pas bons. Si la pauvreté est la mère des crimes, le défaut d'esprit est leur père. Cette église est belle; on admire la hauteur de son clocher. Voici une bonne propriété, je connais la fécondité de son sol. Ces roses ont conservé leur fraîcheur. Aimez le travail, ses avantages sont nécessaires. La cour de Louis XIV était brillante; tous les étrangers louaient sa magnificence.

9e Exercice (Nos 6, 7, 8).

Ecrire les nombres en toutes lettres.

L'homme vit rarement au delà de 80 ans. Le son parcourt environ 340 mètres par seconde. L'usage des cloches date de l'année 600. Ce bijou vaut 420 pièces de 20 francs. Les 1000 d'Angleterre sont un peu plus longs que les 1000 d'Italie. L'Amérique fut découverte par Christophe Colomb en 1492. La plus grande des pyramides d'Egypte a 146 mètres de hauteur. Il faut bien marcher pour parcourir 4000 en une heure. Louis IX partit, en 1248, à la tête de 300000 combattants qui s'embarquèrent sur 1800 vaisseaux. Il y a en Chine une tour de porcelaine qui a environ 90 mètres de hauteur. C'est en 1880 que je vous remettrai 1680 francs.

10e Exercice (Nos 6, 7, 8).

Napoléon Ier naquit le 15 août 1769; il mourut le 5 mai 1821. Les Français battirent les Autrichiens à Marengo en 1800. L'hospice des 15-20 fut fondé par Louis IX pour recevoir 300 gentilshommes à qui les Sarrasins avaient fait crever les yeux. Sur 100 personnes, il y en a 90 qui sacrifient à la jouissance du présent les espérances de l'avenir. On prétend que le territoire de Rome ne comprenait que 6000 d'étendue. La vitesse des chemins de fer est de 24000 à l'heure. Je vous remercie 1000 fois des 1000 francs que vous m'avez donnés. Sur 2000 combattants il y en eut 400 de tués et 200 de blessés. C'est en 1820 que j'ai perdu 4520 francs.

EXERCICES SUR LES REMARQUES QUI ONT RAPPORT A L'ADJECTIF.

1er Exercice (N° 2).

Remplacer chaque tiret par le mot nu.

Saint Louis porta la couronne d'épines — pieds, — tête, depuis le bois de Vincennes jusqu'à Notre-Dame. Henri IV, dans sa jeunesse, allait toujours — tête. Les Juifs, dans leurs cérémonies religieuses, n'ont jamais la tête —. La plupart des sauvages vont pieds —, jambes — et tête —. La misère contraint quelquefois à marcher — pieds. Il est sain de coucher tête —, mais non de marcher — pieds —. Toute —, la vérité risque de déplaire. La — propriété est la possession d'un fonds dont un autre a l'usufruit. Les enfants aiment à courir — pieds. Nous sommes entrés dans l'eau jambes —. Les Ecossais sont habitués à aller — jambes.

2e Exercice (N° 2).

Diogène marchait — pieds et couchait dans un tonneau. Les mendiants vont — pieds, et les flatteurs — tête. Marcher — pieds ou pieds —, c'est vouloir s'enrhumer. On voit à la campagne des gens qui travaillent — tête, — pieds et — jambes. Saint Louis suivait — pieds l'étendard de la sainte croix. Les enfants habitués à rester — tête et — pieds ne s'enrhument jamais. Dans un musée d'histoire naturelle, les statues sont ordinairement toutes —. Les murs de votre chambre paraissent — depuis que vous avez enlevé ce tableau. Il est bon d'habituer les enfants à avoir la tête et les bras —. Il faut éviter de rester tête — au soleil. Les officiers marchent au combat l'épée —.

3e Exercice (N° 3).

Remplacer chaque tiret par le mot demi.

Les — savants sont souvent pires que les ignorants. Une — fortune ne suffit pas à l'ambitieux. Cinq — valent deux entiers et —. Une — heure bien employée suffit pour faire ce travail. Trente minutes font une — heure, et quatre-vingt-dix minutes font une heure et —. Nous avons entendu sonner plusieurs —. Nous partirons quand la — sonnera, et nous serons de retour dans une — heure. Deux kilogrammes et — équivalent à cinq — kilogrammes. L'ouverture d'un volcan a souvent plus d'une — lieue. Cette horloge carillonne aux — et aux quarts. La pendule marque cinq heures et —. Les — mesures sont nuisibles. Deux quarts font une —.

4e Exercice (N° 3).

Paris a trente-huit kilomètres et — de circonférence ; il faudrait neuf heures et — pour en faire le tour. Plusieurs peuples de l'Afrique sont encore — barbares. Il faut trente secondes pour une — minute. Trente mois valent deux années et —. Une — heure suffirait pour confondre ces — savants. Les murailles de Babylone avaient douze toises et — d'épaisseur. Cette horloge est bonne; mais elle ne sonne pas les —. Un quart de lieue est la moitié d'une — lieue. Deux mètres et — de drap suffisent pour habiller un homme de taille moyenne. Il y a des pendules qui ne sonnent ni les — ni les quarts. Une — science est souvent nuisible.

5e Exercice (N°s 4 et 5).

Remplacer chaque tiret par le mot même.

Nos occupations durent tout le jour; nous travaillons — la nuit. Les sauvages — reconnaissent un Dieu. L'amour-propre nous fait tout rapporter à nous —. Les libertins, les impies — tremblent à la vue de la mort. Les grands ne semblent nés que pour eux —. Les peuples se ressemblent partout : — vices, — vertus. Nous devons aimer — nos ennemis. Les vieillards, les enfants — ne sont pas sûrs du lendemain. L'ingratitude est un vice contre nature; les animaux — sont reconnaissants. La rouille consume les métaux, — les plus durs. L'air, la mer, les forêts, les rochers — ont leurs habitants. Aux — maladies — remèdes.

6e Exercice (Nos 4 et 5).

Les bienfaits — veulent être assaisonnés par des manières obligeantes. Les magistrats doivent rendre la justice à tous les hommes, — à leurs ennemis. Un examen sérieux de nous — nous rend indulgents pour autrui. Non-seulement nous ne devons pas fréquenter les impies, nous devons — les éviter. Les Egyptiens adoraient des animaux, des plantes —. Les rois eux — doivent respecter les lois. L'homme retombe souvent dans les — fautes. Les méchants, les libertins — respectent la vertu. Tout périt, les plus grands empires —. Dans tous les temps les — causes produiront les — effets. Les menteurs se nuisent à eux —. Voilà de beaux fruits, goûtez-les, et — prenez en quelques-uns.

7e Exercice (Nos 6 et 7).

Remplacer chaque tiret par le mot tout.

La paresse, — engourdie qu'elle est, fait plus de ravages que — les autres passions ensemble. Les hommes ont — une même origine et une même fin. — vérité n'est pas bonne à dire. Une vie — isolée ne convient pas à l'homme ; il est né pour la société. — bonnes, — excellentes que soient vos raisons, je n'y crois pas. — estimables que soient les qualités de l'esprit, celles du cœur valent encore mieux. Cette dame est — honteuse et — triste aujourd'hui ; elle est —

absorbée dans ses réflexions; ordinairement elle est — gaie, — aimable; nous ne savons pourquoi ses vêtements sont — humides. Les négresses aiment les robes — blanches.

8e Exercice (Nos 6 et 7).

Offrons à Dieu — nos travaux et — nos peines. L'espérance, — trompeuse qu'elle est, séduit — les hommes. Les grands écrivains ne descendent pas — entiers dans la tombe. L'âme demeure — étonnée, — stupéfaite à la vue des merveilles de la nature. La valeur, — héroïque qu'elle est, ne suffit pas pour faire des héros. La Grèce, — sage, — éclairée qu'elle était, adora les faux dieux comme — les autres peuples. Vos sœurs, — généreuses et — affables qu'elles sont, ne plaisent pas à — le monde. Ces personnes ont paru — interdites et — déconcertées en vous voyant. Ces enfants sont attentifs; ils sont — yeux et — oreilles.

9e Exercice (No 8).

Remplacer chaque tiret par le mot quelque *ou* quel que.

Le vrai courage a toujours — ressources. La beauté, — qu'elle soit, ne vaut pas un bon esprit. — méchants que soient les hommes, ils n'osent paraître ennemis de la vertu. — savants que nous soyons, nous ne devons pas en tirer vanité. — crimes toujours précèdent les grands crimes. De — superbes distinctions que vous jouissiez, soyez modestes. — puissants, — élevés que soient les souverains, ils sont ce que nous sommes. — soient les lois, il faut toujours les observer. — soit votre travail, — soient vos embarras, — soient vos fatigues, ne vous découragez jamais. — soit votre attention, vous ferez — fautes. N'écoutez pas les flatteurs, — qu'ils soient.

10ᵉ Exercice. (Nº 8.)

Tous les hommes — qu'ils soient, sont égaux devant Dieu. — nombreux domaines que vous possédiez, il faudra les quitter un jour. — soient les grandeurs, elles passent comme un songe. — services que vous rendiez à un ingrat, vous ne le contenterez jamais. Les jeux de hasard, — médiocres qu'ils paraissent, sont toujours dangereux. — soient vos peines, — soient vos chagrins, supportez-les avec résignation. — soit l'outrage que vous ayez reçu de votre prochain, vous devez lui pardonner. — soient les humains, il faut vivre avec eux. Nous avons tous — défauts. Craignez vos ennemis, — petits qu'ils soient; — soit même leur impuissance.

EXERCICES SUR LES REMARQUES QUI ONT RAPPORT AU PRONOM.

1er Exercice. (N° 3.)

Remplacer chaque double tiret par le, la, *ou* les.

Messieurs, êtes-vous les chasseurs que nous avons rencontrés hier? — Oui, nous = sommes. — Êtes-vous contents de votre chasse? — Non, nous ne = sommes pas. Madame, êtes-vous la maîtresse de cette maison? — Oui, je = suis. — Êtes-vous maîtresse de vos actions? — Non, je ne = suis pas. Mesdemoiselles, êtes-vous sœurs? — Oui, nous = sommes. — Êtes-vous les sœurs de cette dame? — Non, nous ne = sommes pas. Une jeune fille protestante demande à être baptisée, et on ne veut pas qu'elle = soit. Ces enfants ne sont pas encore savants, mais ils = deviendront. Il est permis de défendre ses intérêts quand on = peut sans injustice.

2e Exercice. (N° 4.)

Remplacer chaque tiret par leur *ou* leurs.

Le pardon des ennemis ne consiste pas seulement à ne pas — nuire; il faut encore — rendre service si l'occasion s'en présente. Si les riches ont — jouissances, ils ont aussi — chagrins. Les hommes n'aiment pas qu'on — dise — défauts; c'est cependant en les — faisant connaître qu'on — apprend à s'en corriger. Louis XIV récompensait les grands hommes et — accordait sa confiance Un père et une mère sont heureux quand — enfants — ressemblent. Nos élèves ont profité des leçons qui — ont été données ; ils ont bien compris les règles qui — ont été expliquées. Les habitants de la ville ont — plaisirs, et ceux de la campagne ont les —.

3e Exercice. (N° 5.)

Remplacer chaque tiret par soi, lui *ou* elle.

Quiconque n'aime que — n'est pas aimé des autres. L'homme de bien pense moins à—qu'aux autres. On voit rarement quelqu'un mal parler de —. Dans un danger chacun pense à —. Nul n'est prophète chez —. L'homme modeste parle rarement de —. Aucun ne dit de — tout le bien qu'il en pense. Le sage ne doit jamais avoir d'autre gardien de son secret que — même. Personne ne doit dire d'autrui ce qu'il ne voudrait pas entendre dire de —. L'égoïste ne pense qu'à —. Cette femme parle avantageusement de —. Celui qui rapporte tout à — n'a pas beaucoup d'amis. Que de germes de mort traînent après — les faibles humains ! Travailler pour —.

4e Exercice. (N° 6.)

Remplacer chaque tiret par c'est *ou* ce sont.

Nous portons en nous-mêmes nos plus grands ennemis : — nos passions. — la paresse et le luxe qui engendrent la misère. — les vices qui dégradent l'homme, — eux qui le rendent malheureux. — les travaux du laboureur qui procurent au riche sa subsistance. — vous, messieurs, qui avez raison, et — nous qui avons tort. — toi et lui qui m'avez sauvé du danger. — le travail et l'application qui font réussir. — les actions de l'âme qui déterminent celles du corps. — la pluie et la chaleur qui fécondent la terre. — les bonnes lois qui font la force des empires ; — elles qui nous défendent et qui nous protègent ; — les magistrats qui les font observer.

5e Exercice. (N° 7.)

Remplacer chaque tiret par les pronoms ce *ou* se.

Le méchant — réjouit de — qui fait la ruine d'autrui. Ceux qui savent — contenter de — qui leur est nécessaire sont heureux. — est être fou que de — reposer sur un avenir qui ne nous appartient pas. L'indiscret — repent souvent de — qu'il a dit. — qui fait le bonheur des familles, — est la paix et la concorde. — qui me plaît le plus, — est le mérite uni à la modestie. — n'est pas celui qui — vante qui est véritablement estimable. On ne doit — appliquer qu'à — qui peut être utile. — que l'on conçoit bien — énonce clairement. Pour aller au Ciel, il faut — — détacher de la terre. En — monde, il faut — secourir les uns les autres, et — supporter mutuellement.

6e Exercice. (N° 8.)

Remplacer chaque tiret par celui-ci, celui-là, *ou* celle-ci, celle-là.

La vertu et le vice ont des fins bien différentes : — mène à la mort ; — conduit à la vie. Le corps périt, et l'âme est immortelle : cependant on néglige —, et tous les soins sont pour —. L'adversité est plus avantageuse à l'homme que la prospérité : — le fait rentrer en lui-même, — ne sert souvent qu'à l'enorgueillir. Le commerce et l'agriculture sont également utiles à un état : — nourrit ses habitants, — les enrichit. Les guerriers et les magistrats servent également la patrie : — par leur courage, et — par leur sagesse. Les flatteries et les réprimandes produisent toujours un effet contraire : — détruisent nos défauts, — les entretiennent.

7e Exercice. (N° 9.)

Corriger les mots en italique.

Ce n'est pas moi qui *a* révélé ce secret ; c'est toi qui *a* eu la faiblesse d'en parler le premier. Tu sais, mon enfant, qu'il n'y a que moi qui *s'occupe* de ton bonheur. Si c'est nous qui vous *ennuient*, dites-nous-le franchement. Nous pouvons raconter ces faits, nous qui les *ont* vus. Vous êtes la seule personne qui m'*ayez* reconnu. C'est moi qui m'*est* aperçu le premier que c'était toi qui *se trompait*. Comme c'est lui qui *as* le moins de fautes, c'est lui qui *seras* récompensé, Je ne connais que vous qui *puisse* m'obliger. Ce n'est pas moi qui *s'exposerait* ainsi. Il n'y a que toi seul qui *puisse* débrouiller cette affaire ; je ne vois que toi qui en *soit* vraiment capable.

8e Exercice. (N° 10.)

Remplacer chaque tiret par à qui, *ou* auquel, à laquelle, auxquels, auxquelles.

On éprouve du plaisir à voir celui — l'on a donné. Il y a des choses — nous ne devrions jamais penser. La chose — l'avare pense le moins, c'est à secourir les pauvres. Il faut bien choisir les hommes — l'on veut donner sa confiance. On finit par vaincre les vices contre — on lutte avec courage. La vertu a un pouvoir — rien ne résiste. Le paresseux a des habitudes — il doit renoncer. On fait toujours mal les choses pour — on éprouve de la répugnance. Le propriétaire — appartient cette maison est très-riche. La personne — j'ai confié cette affaire est discrète. Les travaux — nous nous livrons sont pénibles. L'enfant — tout cède est à plaindre.

9e Exercice. (N° 11.)

Corriger les mots en italique.

C'est à Dieu *à qui* appartiennent nos premiers hommages. C'est de l'adversité *de qui* nous viennent les meilleures leçons. C'est à la crainte de l'injustice *à qui* l'on doit les lois. C'est de mon ami *de qui* j'ai reçu tant de bienfaits, et c'est par lui *par qui* j'ai obtenu mon emploi. C'est pour vous *pour qui* je travaille, et c'est à vous *à qui* je laisserai tous mes biens. C'est *sur* vous *sur qui* je compte pour me tirer d'embarras. C'est à une personne sage et éclairée *à qui* nous devons demander conseil. Ce n'est pas de vous *dont* il s'agit; c'est de votre frère *dont* nous parlons; c'est en lui *en qui* nous avons confiance. C'est de la vertu *d'où* dépend notre bonheur.

10e Exercice. (N° 12.)

Remplacer chaque tiret par son, sa, ses, *ou* leur, leurs.

Les productions de la nature sont parfaites, chacune dans — genre. Les fidèles ont apporté des offrandes, chacun selon — moyens et — dévotion. Les auteurs écrivent chacun selon — inspirations. Ces négociants ont perdu chacun — fortune. Les témoins ont parlé chacun selon — conscience. Nos arbitres ont fait leur rapport, chacun selon — lumières. Remettez ces objets chacun à — place. Après la cérémonie, ces dames montèrent chacune dans — voiture. Le général fit conduire les déserteurs chacun sous — drapeaux. Ces messieurs ont donné chacun — avis. Nos élèves ont fait chacun — efforts. Les spectateurs se retirèrent chacun dans — maison.

EXERCICES SUR LES REMARQUES QUI ONT RAPPORT AU VERBE.

1er Exercice. (N° 1.)

Supprimer, dans chaque phrase, un des deux verbes en italique.

Peu d'écoliers *se livre* ou *se livrent* à l'étude avec ardeur. La totalité des enfants *sacrifie* ou *sacrifient* l'avenir au présent. Un grand nombre de malheureux *demande* ou *demandent* du secours. L'armée des ennemis *combattait* ou *combattaient* avec courage. Une multitude d'oiseaux *voltigeait* ou *voltigeaient* autour de moi. La plupart des hommes *croit* ou *croient* que le bonheur est dans la richesse. La foule des envieux *grossit* ou *grossissent* à mesure que le mérite augmente. Une infinité de jeunes gens *se perd* ou *se perdent* par la lecture des mauvais livres. La multitude des spectateurs *s'écoula* ou *s'écoulèrent* peu à peu. Une vingtaine de soldats *a été décoré* ou *ont décorés*. Une nuée de barbares *ravagea* ou *ravagèrent* ce pays.

2e Exercice. (N° 1.)

Cette société de savants *s'est réunie* ou *se sont réunis* pour décider une grande question. Une foule d'hommes *préfère* ou *préfèrent* les biens présents aux futurs. Une infinité de personnes *respecte* ou *respectent* le riche, et *méprise* ou *mé-*

prisent le pauvre. Une grande quantité d'étrangers *sortit* ou *sortirent* de la ville. Une compagnie entière de voltigeurs *périt* ou *périrent* sur le champ de bataille. La troupe de malfaiteurs, qui *ravageait* ou *ravageaient* nos campagues, *a été prise* ou *ont été pris*. Un peuple de guerriers *enfante* ou *enfantent* des héros. Une troupe d'enfants *s'amusait* ou *s'amusaient* près de moi. Assez de gens *méprise* ou *méprisent* le bien, mais peu *sait* ou *savent* le donner. Une grêle de pierres *tomba* ou *tombèrent* sur nous.

3e Exercice. (N° 2.)

Corriger les fautes.

Le souverain Créateur préside et règle le mouvement des astres. Un enfant doit respecter et obéir à ses parents. Un serviteur fidèle est aimé et utile à son maître. Le sage déteste et se détourne du mal. Les personnes volages sont amateurs et portées au changement. Un honnête homme n'agit pas contre et en faveur de son ami; il craint et a horreur du mensonge. Les soldats courageux sont propres et contents du métier de la guerre. Nous devons chérir et porter du respect à nos supérieurs. Il y a des gens qui sont avides et portés à la lecture. Tous les jours un grand nombre de vaisseaux entrent et sortent de ce port. Allons entendre et jouir du chant du rossignol; il flatte et donne de la justesse à l'oreillé.

4e Exercice, (N° 2.)

Un homme vindicatif est enclin et content du mal. La charité chrétienne nous commande d'obliger et de faire du bien à nos ennemis. Pour être agréable et chéri de ceux qui nous entourent, il faut savoir supporter leurs défauts. Le sage implore et attend tout son bonheur de la Providence. Je suis sensible et content des preuves d'amitié que vous m'avez données. L'élève studieux écoute et profite des leçons de son maître. Tout citoyen doit aimer et travailler pour sa patrie; il doit aussi s'opposer et prévenir la révolte. Il n'est pas toujours facile de connaître et de se servir de ses avantages. Les méchants haïssent et nuisent à leurs voisins. Il faut bien marcher pour aller et revenir de la ville en deux heures.

5e Exercice (N° 3).

Corriger les fautes.

Charlemagne aimait les sciences et les arts, et à fréquenter ceux qui les cultivaient. Saint Louis aimait la justice et à chanter les louanges du Seigneur. Mon fils veut apprendre à dessiner et la musique; il n'aime ni à lire ni l'écriture. Cet homme ne se plaît qu'à la chasse et à pêcher; il n'aime ni la conversation ni à se promener. Je veux d'abord apprendre à tirer de l'arc et le maniement des armes, ensuite j'apprendrai la danse et à monter à cheval. L'écolier studieux ne pense qu'à travailler et à l'étude; le paresseux ne pense qu'à se reposer et au jeu. J'espère terminer bientôt, et que je pourrai me reposer. Il faut que vous partiez aujourd'hui, revenir demain, et repartir après-demain.

6e Exercice (N° 4).

Corriger les fautes.

Je vous ai dit plusieurs fois que Dieu possédait toutes les perfections. On a remarqué que l'étude adoucissait les mœurs, et qu'elle effaçait ce qu'il y a en nous de grossier. Les anciens croyaient que le soleil tournait autour de la terre. Je vous ai dit souvent que la sagesse valait mieux que la science. Vous avez reconnu vous-même que la vertu était préférable à tous les biens. Ce professeur a démontré à ses élèves que la terre était ronde. et qu'elle tournait sur son axe. Nous avons remarqué que la fortune ne procurait pas le bonheur. On a reconnu que c'était de l'instruction de la jeunesse que dépendait le sort d'une nation. Quintilien avait raison de dire que la conscience valait mille témoins.

7e Exercice (N° 5).

Corriger les fautes.

Nous achetâmes une grande quantité de marchandises cette année, et, malgré les pertes que nous fîmes, nous gagnâmes beaucoup, parce que nous eûmes peu de frais. Il fit un froid si rigoureux cet hiver, qu'il me fut impossible de voyager. Je perdis mon temps ce matin; mais je travaillai beaucoup ce soir. Comme je ne reçus votre lettre que cette semaine je ne pus y répondre plus tôt. Cet enfant dormit si peu cette nuit, qu'il ne se leva qu'à huit heures. Je rencontrai aujourd'hui votre frère et je m'entretins longtemps avec lui. Les fruits que vous me vendîtes ce mois n'étaient pas si mûrs que ceux que vous me vendîtes le mois dernier. Mon père alla cette année à Paris, et il en revint malade.

8e Exercice (N° 7).

Mettre les verbes en italique au présent du subjonctif.

Il importe que vous *étudier* pendant que vous êtes jeune. Il n'y a rien qui *rafraîchir* le sang comme une bonne action. Croyez-vous que l'on *pouvoir* devenir savant sans travailler? Je veux que vous *terminer* cet ouvrage en deux heures. On doute que votre frère *réussir* dans son entreprise. Je crains que vous n'*employer* pas utilement votre temps. Ton ami te préviendra afin que tu te *tenir* sur tes gardes. Il y a peu de personnes qui *savoir* se contenter de ce qu'elles possèdent. La sagesse est la seule chose dont la possession *être* certaine. Ce marchand est le plus brave homme que je *connaître*; il t'accordera tout, à moins que tu ne *vouloir* l'impossible.

9e Exercice (N° 8).

Mettre les verbes en italique au présent ou au passé du subjonctif.

L'Evangile est le plus beau présent que Dieu *pouvoir* faire aux hommes. La religion exige que nous *oublier* les offenses qui nous ont été faites. Je me conformerai à votre volonté, pourvu que vous me la *faire* connaître. Ton ami regrette que tu ne lui pas *faire* part plus tôt de tes projets. Je suis surpris que vous ne pas *prévoir* cet accident. On ne pense pas que vos parents *être* aussi riche qu'ils le disent. Votre avocat doute que vous *gagner* votre procès. Ne croyez pas que j'*avoir* hier l'intention de vous faire de la peine. Quelque faute que nous *faire*, ne désespérons jamais d'en obtenir le pardon. Personne ne croira que vous *pouvoir* faire ce voyage en huit jours.

10e Exercice (N° 9).

Mettre les verbes en italique à l'imparfait ou au plus-que-parfait du subjonctif.

Dieu a donné un esprit à l'homme afin qu'il le *connaître* et qu'il le *servir*. La Providence voulut que les barbares *détruire* l'empire romain. J'ignorais que vous *faire* des études si approfondies. On n'a pas laissé sortir cet homme avant qu'il *payer* ce qu'il devait. Je voudrais bien vous obliger, mais il faudrait que je le *pouvoir*. Il serait à souhaiter que tous les hommes s'*aimer* comme des frères, et qu'il se *secourir*. Jésus avait annoncé sa mort avant que Judas *former* le projet infâme de le trahir. Samson se mettait peu en peine qu'on le *lier*. Je n'aurais jamais cru que vous *accepter* de telles conditions. Auriez-vous pensé que cette personne *devenir* si méchante?

EXERCICES SUR LES REMARQUES QUI ONT RAPPORT AU PARTICIPE.

1er Exercice (N°. 1).

Faire l'accord des participes suivis d'un infinitif.

La romance que vous avez *entendu* chanter hier a été composée par la personne que vous avez *entendu* chanter ce matin. Les soldats qu'on a *laissé* sortir du camp se sont *laissé* surprendre par les ennemis. Les sciences que nous avons *commencé* à étudier, sont faciles à comprendre par la méthode qu'on nous a *donné* à suivre. L'histoire que vous nous avez *conseillé* de lire, nous a beaucoup amusés. Les dames que nous avons *vu* passer, m'ont *paru* être vos sœurs. Messieurs, c'est pour votre avantage qu'on vous a *contraint* à travailler. Voilà des arbres que j'ai *vu* planter et que j'ai *vu* croître ; montrez-moi ceux que vous avez *résolu* d'arracher.

2e Exercice (N° 1).

Les avocats que nous avons *entendu* parler ne sont pas aussi éloquents que ceux que nous avons *entendu* louer. Les rois se sont souvent *laissé* tromper par leurs ministres. Les fautes que je vous ai *vu* commettre et les mauvais propos que je vous ai *entendu* tenir, vous ont *fait* perdre mon estime. Cette femme s'est *senti* tomber en défaillance; mais elle ne s'est pas *senti* emporter chez elle. Mes domestiques sont absents; je les ai *envoyé* chercher. Mes enfants étaient fatigués; je les ai *envoyé* se coucher. N'oubliez jamais les maximes de vertu que l'on a *tâché* de graver dans votre cœur. Savez-vous la leçon que je vous ai *donné* à apprendre?

3e Exercice (N° 1).

On est responsable des maux qu'on a *laissé* faire quand on a *pu* les empêcher. Les élèves que nous avons *laissé* sortir ne sont pas encore rentrés. Je vous ai donné des avis que vous avez *négligé* de suivre. La personne que j'ai *envoyé* cherché des provisions, je l'ai *envoyé* chercher elle-même. Je crois que vous n'avez pas compris les règles que j'ai *commencé* à vous expliquer. On aime à manger les fruits que l'on a *vu* mûrir, Les fleurs que vous m'avez *vu* cueillir sont fanées. La profession que vous avez *résolu* d'embrasser est très-honorable. Rendez-moi les ouvrages que je vous ai *donné* à lire, et je vous remettrai les objets que vous m'avez *envoyé* acheter.

4e Exercice (N° 1).

Les missionnaires que nous avons *entendu* prêcher nous ont vivement émus. La cloche que nous avons *entendu* sonner n'est pas celle que nous avons *vu* fondre. Les enfants que nous avons *vu* punir sont ceux que nous avons *vu* se battre. Les ouvriers que vous avez *envoyé* chercher ne sont pas venus. Ces jeunes gens ont *laissé* affliger leur mère, et ils l'ont *laissé* succomber à la douleur. Il ne faut jamais s'écarter de la bonne route que l'on a *commencé* à suivre. Les vrais malheurs sont ceux qu'on a *pu* mériter. La plante, mise en liberté, garde l'inclinaison qu'on l'a *forcé* à prendre. Avez-vous terminé les mémoires que je vous ai *donné* à rédiger?

5e Exercice (N° 1).

Les dames que nous avons *vu* peindre sont très-habiles; tout le monde admire les tableaux que nous leur avons *vu* exécuter. Les oiseaux que j'ai *laissé* s'envoler se sont *laissé* reprendre aussitôt. Les difficultés qu'on a *cherché* à vaincre deviennent plus faciles à surmonter. Les bons livres que vous avez *négligé* de lire, vous auraient formé l'esprit et le cœur. Les circonstances nous ont *empêché* de réussir dans les projets que nous avons *osé* concevoir. Ces jeunes personnes sont charmantes ; nous les avons *engagé* à venir nous voir. Votre sœur lit et écrit très-bien ; je l'ai *entendu* lire et je l'ai *vu* écrire ; indiquez-lui les fautes qu'elle n'a pas *su* éviter.

6e Exercice (N° 2).

Corriger les fautes.

L'empereur Néron a fait toutes les cruautés qu'il a *pues*. Mes amis m'ont procuré tous les avantages qu'ils ont *pus*, mais non tous ceux qu'ils ont *voulus*. Je ne doute pas que vous ayez fait tous les efforts que vous avez *pus* et que vous avez *dus* ; mais vous n'avez pas évité toutes les fautes que vous auriez *voulues*. Votre père vous a donné tous les bons conseils qu'il a *pus* ; il vous a acheté tous les livres que vous avez *voulus*. Je n'ai pas fait toutes les démarches que j'aurais *dues*. Ces messieurs ont eu pour moi tous les égards qu'ils ont *dus*. Vous avez aimé votre prochain si vous lui avez rendu tous les services que vous avez *dus* ou que vous avez *pus*.

7e Exercice. (N° 3).

Souligner le participe qui doit être invariable.

La sécheresse a fait périr les arbres que nous avons fait planter. Les personnes que vous avez fait inviter ne se sont pas fait prier. Les canons que nous avons fait charger en présence des révoltés, les ont fait fuir. Des acteurs se sont fait applaudir dans des pièces où d'autres se sont fait siffler. Ces ouvriers nous ont fait payer cher les travaux que nous leur avons fait exécuter. Les maux qu'on vous a fait souffrir ont altéré votre santé. On a fait arrêter les coupables et on les a fait conduire en prison. La boussole a fait faire d'immense progrès à la navigation. Les étoffes que j'ai fait fabriquer sont magnifiques. Avez-vous reçu les marchandises que je vous ai fait expédier?

8e Exercice (N° 4).

Corriger les fautes.

Notre affaire n'a pas réussi comme nous l'aurions *désirée*. Ces dames sont plus obligeantes que nous ne l'aurions *présumées*. Ma leçon est moins difficile que je ne l'avais *supposée*. Cette ville n'est pas aussi belle que je l'aurais *crue*. Vos demoiselles sont plus instruites que je ne l'aurais *pensées*. Notre traversée fut aussi heureuse que nous l'avions *espérée*. Cette contrée est plus riche en fruits que nous ne l'avions *imaginée*. Votre sœur est toujours aussi bonne que je l'ai *connu* autrefois. Ma cousine est toujours telle que vous l'avez *vu*. Cette aventure est arrivée comme vous l'avez *raconté*. Cette ouvrière n'est pas aussi laborieuse que nous l'avions *soupçonnée*.

9e Exercice (N° 5).

Corriger les fautes.

Tout le monde ma offert des services, et personne ne m'en a *rendus*. Autant ce général a livré de batailles, autant il en a *gagnées*. Ces élèves ont reçu plus de prix qu'il n'en ont *mérités*, et qu'il n'en ont *désirés*. Tous les conquérants ont détruit plus de villes qu'ils n'en ont *fondées*. Madame de Sévigné a écrit plus de lettres que d'autres n'en ont *lues*. Plus j'ai rencontré de difficultés, plus j'en ai *surmontées*. Cette entreprise n'a pas produit tous les avantages qu'on en avait *espéré*. J'ai vendu mes propriétés, les valeurs que j'en ai *retiré* sont considérables. On a écrit à vos parents; voici la réponse qu'on en a *reçu* et les secours qu'on a *obtenu*.

10e Exercice (N° 6).

Corriger les fautes.

Supportons avec résignation les maux qu'il a *plus* au Ciel de nous envoyer. Les chaleurs excessives qu'il a *faites*, les grandes pluies qu'il y a *eues*, ont causé beaucoup de maladies. Il est *arrivés* de grands malheurs dans nos contrées. Il s'est *passées* beaucoup de choses pendant votre absence. Les grands orages qu'il y a *eus* ont été nuisibles à la récolte. Il s'est *rassemblée* une foule de gens autour de nous. Il s'est *élevée* une tempête au moment du départ. Les gelées qu'il y a *eues* au printemps ont été funestes aux arbres. Les vents froids qu'il a *faits* ont retardé la végétation. Quelle somme il a *fallue* pour acheter ce domaine! Que d'inconvénients il est *résultés* de cette affaire!

EXERCICE SUR LES REMARQUES QUI ONT RAPPORT A L'ADVERBE ET A LA PRÉPOSITION.

1er Exercice (N° 1).

Remplacer chaque tiret par plus, le plus. *ou* davantage.

Un général compte — sur la valeur que sur le nombre de ses soldats. Il faut aimer sa patrie — que sa famille. La science est estimable; mais la vertu l'est bien —. A mesure que nous devenons riches, nous voulons l'être encore —. Les Romains ont remporté — de victoires que les Grecs. Votre frère a — de fortune que vous; mais vous avez — de science que lui. La plupart des enfants aiment — le jeu que l'étude. Si vous êtes pressé, ne vous arrêtez pas —. C'est assez, ne m'en dites pas —. L'humilité est la vertu qui me plaît —. De tous les arts, la musique est celui que j'aime —. La rose est la fleur qu'on recherche —. Ce que j'admire —, c'est le firmament.

2e Exercice (N° 2).

Remplacer chaque tiret par plus tôt *ou* plutôt.

On doit tout souffrir — que de trahir son devoir. Le travail fait notre bonheur — que notre malheur. Les premiers chrétiens mouraient —

que de nier leur Dieu. Il vaut mieux arriver — que plus tard. Vous auriez dû venir — à mon secours. Il faut regarder dans le cœur — que dans la main de celui qui donne. Le — fait n'est pas toujours le mieux fait. Les excès dégradent l'homme et le font mourir —. Le bon soldat meurt — que de se rendre. Acquérons des vertus — que des richesses. Nous avons déjeuné aujourd'hui — qu'à l'ordinaire. Nous devons chercher l'utile — que l'agréable. Le mauvais temps est arrivé — que nous ne pensions.

3e Exercice (N° 3).

Remplacer chaque tiret par tout de suite *ou* de suite.

Les actes de l'état-civil doivent être rédigés —, et écrits —. Ne remettons jamais au lendemain ce qui peut se faire —. Bien souvent on serait — guéri, si l'on pouvait oublier que l'on est malade. Cette personne est si faible qu'elle ne peut faire deux pas —. Un enfant doit obéir — aux ordres de ses parents. Il faut que vous partiez —, si vous voulez recevoir — ce qui vous est dû. Il n'est pas prudent de boire plusieurs verres d'eau —. Cet homme ne peut dire deux mots — sans bégayer. Le mauvais temps a duré plusieurs jours —. Levez-vous — et mettez-vous — à l'ouvrage. Ne pas écrire correctement deux phrases —, c'est dévoiler son ignorance.

4e Exercice (N° 4).

Remplacer chaque tiret par tout-à-coup *ou* tout d'un coup.

Nous entendîmes — un grand bruit, et plus de vingt personnes se précipitèrent — sur nous. Beaucoup d'hommes sont surpris par la mort, parce qu'elle arrive —. La fortune abandonne quelquefois — ceux qu'elle a le plus favorisés. Ce négociant a perdu cent mille francs —. Il s'éleva — une tempête, et le navire fut englouti —. Dans le commerce, on gagne quelquefois mille francs —. Un homme de bien ne devient pas riche —. On vit — des flammes sortir de la maison, et l'alarme se répandit — dans la ville. Il faut essayer de faire peu à peu ce qu'on n'a pu faire —. On perd souvent — au jeu un argent gagné lentement, et l'on se trouve — ruiné.

5e Exercice (N° 5).

Corriger les fautes.

C'est en Asie que le premier homme fut créé, et c'est de là d'où sont sortis ceux qui ont peuplé la terre. L'esprit et le cœur de l'homme sont les temples de Dieu ; c'est là où il veut être adoré. C'est ici où j'embrassai ma mère ; c'est là où je lui parlai pour la dernière fois. C'est ici où je vais fixer ma demeure ; je pense que c'est là aussi où tu habiteras. C'est là où tu as rencontré ton ami ; c'est ici où il t'a confié son secret. C'est ici où l'on peut se livrer à l'étude, et où l'on peut réfléchir tranquillement. Ce n'est pas là où vous deviez vous rendre ; c'est ici où je vous attendais. C'est là où périrent tant de braves guerriers ; c'est ici où je fus fait prisonnier.

6e Exercice (N° 6).

Remplacer chaque tiret par autour *ou* à l'entour.

En nous promenant — de cette prairie, nous compterons les arbres qui sont —. Une bonne mère aime à voir ses enfants — d'elle. La terre tourne — du soleil dans l'espace d'un an. La table étant servie, chacun se plaça —. Les renards rôdent — des basses-cours. Je veux acheter une maison qui ait un jardin —. Tout périt, tout se confond — de nous. Les soldats étaient dans le camp — de leurs chefs ; ils attendaient le signal pour fondre sur l'ennemi qui était —. Nous étions dans le château, — du foyer, lorsque les voleurs rôdaient —. Je ne voyais pas ce qui se passait — de moi, parce que je considérais cet édifice et les maisons qui sont —.

7e Exercice (N° 7).

Remplacer chaque tiret par avant *ou* auparavant.

Dieu fit le ciel et la terre — de créer l'homme. Il faut payer ses dettes — de faire des aumônes. Marius fut sept fois consul : ce qui n'était jamais arrivé —. N'exigeons pas le prix — la victoire, ni le salaire — le travail. Il n'y a aucun éléphant domestique qui n'ait été sauvage —. L'homme prudent ne se hâte pas d'agir ; il examine —. Je doute que vous arriviez — votre frère, si vous ne partez — lui. — l'invention de la poudre, les batailles étaient beaucoup plus sanglantes. Sous Louis XIV les arts florissaient plus qu'—. Depuis que cet enfant va à l'école, il est tout autre qu'—. Si vous vous en allez — moi, ne manquez pas de me parler —.

8e Exercice (N° 8).

Remplacer chaque tiret par en campagne *ou* à la campagne.

Je crois que nous irons passer la belle saison —. Notre armée est sur le point de se mettre —. Mes affaires m'obligent d'aller souvent —. Il n'est pas agréable de passer l'hiver —. Il y a des négociants qui vont tous les jours —. Les personnes qui vont souvent — sont plus robustes que celles qui sont sédentaires. Les médecins envoient quelquefois les malades —. Votre parent a mis bien des gens — pour le succès de cette affaire. Beaucoup de gens riches passent l'hiver à la ville et l'été —. On prétend que les ennemis ne sont plus —. Quand les troupes sont —, elles reçoivent une double paie. Il est économique de vivre —.

9e Exercice (N° 9).

Remplacer chaque tiret par près de *ou* prêt à.

Celui qui est — mourir n'est pas toujours —

mourir. L'avare se croit toujours — perdre son trésor. L'ignorance est toujours — s'admirer. Il faut être toujours — à obliger ses amis. Les arbres de mon jardin sont — fleurir. Votre mère est — succomber à sa douleur. Les honnêtes gens sont toujours — faire le bien. On est bien — faillir quand on n'en fuit pas l'occasion. Celui qui a été offensé doit toujours être — pardonner. On ne connaît l'importance d'une action que quand on est — l'exécuter. La mort ne surprend point le sage ; il est toujours — partir. Les enfants doivent toujours être — obéir. Les beaux jours sont — finir.

10e Exercice (N° 10).

1° *Remplacer chaque tiret par* au travers.

2° *Remplacer chaque tiret par* à travers.

Nous voyons partout Dieu — merveilles de la création. Le génie et la vertu marchent — obstacles. La lumière passe — verre. Nous n'apercevons la vérité qu' — voile de nos passions. Heureuse l'âme qui passe — choses crées sans s'y arrêter. — périls un grand cœur se fait jour. L'eau se filtre — terre. L'aiguille passe — l'étoffe qu'elle perce. L'humidité pénètre — murs. On ne voit quelquefois le soleil qu' — nuages. Il n'est pas prudent de passer seul — forêts. Les chasseurs courent — champs. Les soldats se jetèrent — bataillons ennemis. Nous passâmes sans crainte — écueils. Que répondre aux gens qui vous jettent de l'encens — visage?

EXERCICES SUR LES REMARQUES QUI ONT RAPPORT A LA CONJONCTION ET A L'INTERJECTION.

1er Exercice (N° 1).

Remplacer chaque tiret par quand *ou* quant à.

On parle peu — la vanité ne fait pas parler. On travaille avec succès — on travaille avec plaisir. — on est riche et généreux, on ne manque pas d'amis. — aux affaires qui ne me regardent pas, je m'en inquiète peu. Savez-vous — le prince arrivera? — moi, je l'ignore. — vous, je consens à vous recevoir; — lui, je m'y refuse. — le devoir nous appelle, marchons sans hésiter. — on est jeune, on commet bien des fautes. — la somme que vous me devez, vous me la payerez — vous pourrez; celle que me doit votre frère, c'est différent. — on vous a fait du bien, soyez-en reconnaissant. — viendra l'accomplissement de vos promesses?

2e Exercice (N° 1).

L'homme laborieux n'est jamais plus heureux que — il travaille. On récompense les élèves studieux; — aux paresseux, on les punit. — on a fait une faute, il faut l'avouer avec franchise. N'écoutez pas les médisants; — aux calomniateurs, méprisez-les. Le visage est serein — le cœur est en paix. — on ne peut trouver son repos en soi-même, il ne faut pas le chercher ailleurs. Pensez-vous qu'on puisse être content — on a fait une mauvaise action? — moi, je soutiens le contraire. — votre affaire, je vous promets de m'en occuper; — celle de votre ami, je ne m'en charge pas.

3e Exercice (N° 2).

Remplacer chaque tiret par quoique *ou* quoi que.

Les méchants ne sont pas heureux, — ils prospèrent quelquefois. — vous soyez instruit, soyez modeste. — vous disiez, — vous fassiez, vous ne convaincrez jamais un entêté. — possède un avare, il n'a jamais assez. — vous soyez riche, vous pouvez devenir pauvre. — vous n'ayez pas réussi, ne vous découragez pas. — vous entrepreniez, mettez-y de l'application. — un menteur dise, on ne le croit pas, — il dise la vérité. Une mère aime ses enfants, — ils ne soient pas aimables. — vos raisons soient bonnes, vous risquez de perdre votre procès; mais, — il arrive, comptez toujours sur moi. — vous écriviez, évitez la bassesse.

4e Exercice. (N° 2.)

— Dieu soit bon, gardons-nous d'abuser de sa bonté. — on en dise, le mérite sert toujours à quelque chose. — vous soyez coupable, dites toujours la vérité. Ceux qui ne s'occupent à — ce soit d'utile sont méprisables. — on vous dise, — on vous promette, n'agissez jamais contre votre conscience. — un homme de génie soit pauvre, il n'en est pas moins considéré. — vous fassiez, il faut y faire attention. — on ne soit pas riche, on peut être généreux. — votre faute soit grave, on vous la pardonnera. — la justice ne se vende pas, il en coûte cher pour l'obtenir. — il fasse, un ânon ne sera jamais qu'un âne. — il en soit, vous avez tort de vous plaindre.

5e Exercice. (N° 3.)

Remplacer chaque tiret par parce que *ou* par ce que.

Il ne faut pas juger d'un homme — il ignore, mais — il sait. Peu de chose nous console, — peu de chose nous afflige. On devine ce qu'une personne cache — elle avoue. Nons devons éviter l'oisiveté, — elle est la mère de tous les vices. C'est — l'or est rare que l'on a inventé la dorure. — répond un élève, on connaît s'il a compris son devoir. Ces flèches font des blessures mortelles, — elles sont empoisonnées. Les insensés entreprennent de grandes choses, — ils les croient faciles. — vous venez de dire, je vois bien que vous ne me comprenez pas. — vous faites, je connais que vous êtes sûr de réussir. Je pars aujourd'hui — j'y suis forcé.

6e Exercice. (N° 3.)

C'est — nous ne réfléchissons pas, que nous commettons tant de fautes. On juge du mérite des gens — ils font, et non — ils disent. — qui se passe de nos jours, on ne peut contester les avantages de l'instruction. C'est — on plaide qu'il faut des avocats. — je viens d'apprendre, je connais vos inventions. Si je vous réclame ce que vous me devez, c'est — j'en ai besoin. — une personne dit, on comprend quelquefois ce qu'elle veut faire. Il est certain qu'on vous punira, — vous êtes coupable. Votre demande sera accueillie, — elle est juste. — un homme a fait, on juge de ce qu'il peut faire. Venez avec moi, — j'ai besoin de vous.

7e Exercice. (N° 4.)

Remplacer chaque tiret par la conjonction ou, *ou par l'adverbe ou le pronom* où.

Les bonnes — les mauvaises conversations forment — gâtent l'esprit. L'adversité est le creuset — la vertu s'épure et — l'amitié s'éprouve. L'honneur — la honte sera votre partage, selon que vous aurez été vertueux — pervers. Il y a beaucoup d'occasions — il vaut mieux se taire que de parler. L'humanité se trouve — l'intérêt n'est pas. Les sots jugent d'un homme par son habit — par sa fortune. Maison de paille — l'on rit vaut mieux que palais — l'on pleure. Venez me voir aujourd'hui — demain, — dites-moi — je pourrai vous trouver. — la chèvre est attachée, il faut qu'elle broute. — la guêpe a passé, le moucheron demeure.

8e Exercice. (N° 4.)

Il faut se soumettre aux lois du pays — l'on se trouve. L'homme croit aisément ce qu'il craint — ce qu'il désire. L'insensé marche devant lui sans savoir — il va. La misère s'attache à la maison — s'est glissée la paresse. La fortune, soit bonne — mauvaise, soit passagère — constante, ne peut rien changer dans l'âme du sage. Le vice commence — finit la vertu. Il y a des pays — la poudre est inconnue. Nul ne sait l'époque — il doit mourir. Le vent est plus — moins froid, selon qu'il nous vient du nord — du sud. Nous serons punis — récompensés d'après nos bonnes — nos mauvaises actions. — la discorde règne, établissez la paix.

9e Exercice. (Nos 6, 7 et 8.)

Remplacer chaque tiret par une des interjections
Ha! Ah! — Ho! Oh! O.

— ! vous voilà, d'où venez-vous?
— ! je ne vous attendais pas aujourd'hui !
— ! je ne vous croyais pas si près de moi !
— ! je ne pensais pas vous rencontrer ici !
— ! que vous me faites plaisir de parler ainsi!
— ! qu'il est cruel de ne plus espérer !
— ! qu'il est doux de soulager l'infortune !

— ! que les œuvres de Dieu sont belles !
— douce paix ! heureux qui ne te perd jamais !
— jeunesse ! — jours passés comme un songe !
— Marie ! — ma mère ! ne m'abandonnez pas !
— céleste Jérusalem ! que ton souvenir m'est agréable !

10e Exercice. (Nos 6, 7 et 8.)

— ! quel hasard de vous rencontrer si matin !
— ! cette fois je vous tiens ! vous êtes pris !
— ! je ne vous connaissais pas si habile !
— ! que faites-vous là sans ma permission ?
— ! que je suis content de vous revoir !
— ! qu'il est pénible de tant souffrir !
— ! qu'elle est belle la religion du chrétien !
— ! que la nature est triste en hiver !
— ! mon fils ! qu'il est doux de bien remplir ses devoirs !
— ! mes amis ! que les délices du Ciel sont ravissantes !
— ! homme ! prosterne-toi devant Celui qui peut tout !
— ! Dieu ! sauvez-nous des périls qui nous menacent !

EXERCICES SUR LA PONCTUATION.

1er Exercice. (No 3.)

Mettre les virgules.

La richesse le plaisir la santé deviennent des maux pour celui qui en abuse. Un jeune homme poli affable soumis laborieux est aimé de tout le monde. Boire manger jouer dormir se promener c'est l'occupation des paresseux. L'esprit a ses égarements et le cœur ses faiblesses. La complaisance nous fait des amis et la vérité des ennemis. L'homme hardi peut tout et le timide rien. Dieu sait quand il lui plaît faire éclater sa gloire. L'ambition comme la colère conseille toujours mal. Heureux celui qui sait se réjouir sans dissipation désirer sans inquiétude posséder sans orgueil et perdre sans douleur! La vie disait Socrate ne doit être que la méditation de la mort.

2e Exercice. (N° 3.)

Les hommes taillent façonnent moulent pétrissent; mais ils ne créent pas. Les vieillards parlent du passé et les jeunes gens du présent. La raison supporte les disgrâces le courage les combat la patience les surmonte. Les passions qui sont les maladies de l'âme ne viennent que de notre révolte contre la raison. Le vrai courage est généreux sensible compatissant prévenant. Le brave se connaît dans le combat; le sage dans la colère; l'ami dans le besoin. Biens dignités honneurs tout disparaît à la mort. Le regret du passé le chagrin du présent l'inquiétude sur l'avenir sont les fléaux qui affligent le plus le genre humain. L'usage maître excellent nous enseigne bien des choses.

3e Exercice. (N° 4.)

Mettre les points virgules.

On demande quatre choses à une femme : que la vertu habite dans son cœur que la modestie brille sur son front que la douceur découle de ses lèvres que le travail occupe ses mains. Notre premier devoir est de ne pas faire du mal aux autres le second est de leur faire du bien. Celui qui fait ce qu'il doit est juste celui qui fait plus qu'il ne doit est généreux. Les blessures de la calomnie se ferment mais la cicatrice reste. Dire du bien de soi, c'est orgueil en dire du mal, c'est sottise. L'honneur ressemble à l'œil c'est une pierre précieuse dont le moindre défaut diminue le prix. L'avare ne possède pas son or c'est son or qui le possède.

4e Exercice. (N° 4.)

De toutes les vertus celle qui se fait le plus admirer, c'est la force d'âme le plus respecter, c'est la justice le plus chérir, c'est l'humanité. L'homme vertueux ne trompe jamais l'idée d'un mensonge l'épouvante. L'aumône est le sel des richesses sans ce préservatif elles se corrompent. Moins on se croit beau, plus on le parait moins on fait l'aimable, plus on se fait aimer. Parler beaucoup et mal, c'est le caractère du fat parler peu et bien, c'est le caractère du sage. Une bonne action se passe de confidents une mauvaise ne saurait se passer de complices. Nos bonnes œuvres ne périssent pas ce sont des semences pour l'éternité.

5e Exercice. (N° 5.)

Mettre les deux points.

Rien n'épuise la terre plus le laboureur déchire ses entrailles, plus elle est libérale. Les hommes ont des goûts différents les uns cherchent les honneurs, les autres les fuient. Les plantes composent trois grandes familles les herbes, les arbrisseaux et les arbres. Il y a deux choses auxquelles il faut bien s'habituer les injures du temps et les injustices des hommes. La mémoire est comme un champ il faut la cultiver. Voici les deux plus grands commandements l'amour de Dieu et l'amour du prochain. Chacun peut dire j'étais hier; mais personne ne peut dire je serai demain. N'oubliez pas cette maxime mourir plutôt que de tromper.

6e Exercice. (N° 5.)

Les hommes sont comme les statues il faut les voir en place. L'ordre a trois avantages il soulage la mémoire, il ménage le temps, il conserve les choses. Tout change, tout s'use, tout s'éteint Dieu seul reste toujours le même. La conscience ne cesse de crier au méchant « Tes crimes secrets ont été vus. » L'oisiveté ressemble à la rouille elle use plus que le travail. Voici deux choses que l'on trouve rarement réunies le mérite et la modestie. Un peu de bonheur, beaucoup de misère voilà toute l'histoire de l'homme ici-bas. Soyez content de votre sort contentement passe richesse. La vérité est comme le soleil elle peut être obscurcie, mais non éteinte.

7e Exercice. (Nos 6, 7, 8.)

Mettre les différents points.

Le secret le mieux gardé est celui qu'on ne dit pas Ceux qui parlent de leurs affaires à tout le monde les voient souvent échouer Un dessein connu ne vaut guère mieux qu'un dessein manqué Le vrai moyen pour réussir dans ses affaires est de les tenir secrètes Que peuvent contre Dieu tous les rois de la terre De quoi ne vient pas à bout l'esprit de l'homme Que sert à l'avare d'avoir des trésors Qu'y a-t-il de plus rare qu'un véritable ami Qu'il est glorieux de mourir pour la patrie Quelle folie de courir après les honneurs et les richesses Que le Seigneur est bon que son joug est aimable Heureux qui, dès l'enfance, en connaît la douceur

8e Exercice. (Nos 6, 7, 8.)

Le soleil annonce de loin son lever par les traits de feu qu'il lance au-devant de lui L'orient paraît tout en flammes A leur éclat, on attend l'astre longtemps avant qu'il se montre A chaque instant on croit le voir paraître : on le voit enfin Un point brillant part comme un éclair, et remplit aussitôt tout l'espace Peut-on contempler l'univers sans reconnaître la toute puissance de Dieu Qui est-ce qui a suspendu ces milliers de globes dans l'espace Qui est-ce qui les contient Qui est-ce qui les fait tourner régulièrement autour de nous Que Dieu est grand Qu'il est digne de louanges Qu'il est incompréhensible Que la splendeur de sa majesté est éclatante

9e Exercice. (Nos 9 et 10.)

Mettre les points de suspension et les traits de séparation.

Puisque vous tenez à savoir ce qui s'est passé, je vais vous l'apprendre : un jour que j'étais Monsieur me défend de poursuivre. Savez-vous le bruit qui court sur votre compte? Non. Hé bien! on dit que je n'ose vous le répéter. Mauvais serviteur, redoute ma colère; crains que je mais non, ma religion m'ordonne de te pardonner. Que voulez-vous? Rien. Comment rien: Peu de chose. Mais encore? Je ne puis vous le dire. Pourquoi? Parce qu'on me l'a défendu. Monsieur est-il visible? Non, il est absent. Sera-t-il de retour ce soir? Revenez plutôt demain. Très-volontiers. Entrez néanmoins, je vous montrerai le mais non, attendons.

Éléazar se lève, et plein d'un saint transport :
Me voici, répond-il. — Que choisis-tu ! — La mort. —
Tu mourras. — Frappe... Hé quoi, tyran, ta main balance ?

10e Exercice. (Nos 11 et 12.)

Mettre les parenthèses et les guillemets.

Napoléon 1er disons-le pour sa gloire a fait trembler l'Europe. Celui qui se trompe et quel est l'homme qui ne se trompe jamais n'est pas coupable. Avant de rendre le dernier soupir c'est un fait assuré Clotaire Ier s'écria : Quelle doit être la puissance du Roi du Ciel, puisqu'il fait mourir les plus grands rois de la terre ! Un courtisan on nomme ainsi ceux qui fréquentent la cour demandait un jour à Alphonse X, roi d'Aragon, pourquoi il était vêtu d'une manière si simple. Ce prince lui répondit : Apprenez qu'un roi doit se distinguer par ses vertus, et non par l'éclat de ses habits. Un célèbre poète du dix-septième siècle Boileau a dit avec raison :

« Sans la langue, en un mot, l'auteur le plus divin »
« Est toujours, quoi qu'il fasse, un méchant écrivain. »

Nota. — Nous ne donnons point d'exercices sur les homonymes, parce que nous croyons qu'il est plus avantageux de faire composer aux élèves une phrase sur chaque mot.

FABLE.

L'Écolier et le Serin.

Un enfant qui, toujours paresseux et volage,
En deux ans n'avait rien appris,
Entendit un serin qui, perché dans sa cage,
Sifflait parfaitement un air des plus jolis.
Surpris, émerveillé de ce charmant ramage :
« Je savais, dit l'enfant, qu'un serin chante bien,
Mais j'ignorais qu'il pût être musicien.
Comment, ajouta-t-il, as-tu donc fait pour l'être?
— Comment j'ai fait? répondit le serin :
J'ai profité des leçons de mon maître ;
Et lorsqu'il me sifflait le soir et le matin ;
J'oublais tout le reste, et j'étais tout oreille.
C'est à force de l'écouter
Que j'ai, dans quelques mois, appris à l'imiter,
Et c'est pourquoi l'on dit que je siffle à merveille.
Mais il ne dépend que de toi
De te rendre à ton tour habile ;
Il ne faut qu'être, comme moi,
A ce que l'on t'enseigne attentif et docile.
Que chaque enfant pour lui prenne cette leçon ;
Elle est aussi sage qu'utile.
On n'apprend rien sans peine et sans attention :
Le savoir est le prix de l'application.

TABLE DES MATIÈRES

PREMIÈRE PARTIE.

DEUXIÈME PARTIE.

Lyon. — Imprimerie de C. Jaillet, rue Mercière, 92.

www.ingramcontent.com/pod-product-compliance
Ingram Content Group UK Ltd.
Pitfield, Milton Keynes, MK11 3LW, UK
UKHW021055230726
13926UKWH00004B/1863

9 782014 447798